Jose-Booz PAUL

*Avocat au Barreau
de Port-au-Prince, Haïti*

Prix Mario Stasi

Constitution de la République d'Haïti

Septembre 2022

In memoriam

Monferrier Dorval
Docteur en Droit
Professeur de Droit public
Bâtonnier de Port-au-Prince
assassiné le 28 août 2020

LOI CONSTITUTIONNELLE PORTANT AMENDEMENT DE LA CONSTITUTION DE 1987[1]

Préambule

Titre I : De la République d'Haïti - Son Emblème - Ses Symboles

Titre II : De la Nationalité Haïtienne

Titre III : Du Citoyen - Des Droits et Devoirs Fondamentaux

Titre IV : Des Étrangers

Titre V : De la Souveraineté Nationale

Titre VI : Des Institutions Indépendantes

Titre VII : Des Finances Publiques

Titre VIII : De la Fonction Publique

---

[1] Promulgué et publié au Journal Officiel, *Le Moniteur*, numéro 58, extraordinaire, 19 juin 2012.

Titre IX : De l'Environnement - de l'Économie - de l'Agriculture

Titre X : De La Famille

Titre XI : De la Force Publique

Titre XII : Dispositions Générales

Titre XIII : Amendements à la Constitution

Titre XIV : Des Dispositions Transitoires

Titre XV : Dispositions Finales

Préambule

Le Peuple Haïtien proclame la présente Constitution :

Pour garantir ses droits inaliénables et imprescriptibles à la vie, à la liberté et à la poursuite du bonheur ; conformément à son Acte d'indépendance de 1804 et à la Déclaration universelle des Droits de l'Homme de 1948.

Pour constituer une nation haïtienne socialement juste, économiquement libre et politiquement indépendante.

Pour rétablir un État stable et fort, capable de protéger les valeurs, les traditions, la souveraineté, l'indépendance et la vision nationale.

Pour implanter la démocratie qui implique le pluralisme idéologique et l'alternance politique et affirmer les droits inviolables du Peuple Haïtien.

Pour fortifier l'unité nationale, en éliminant toutes discriminations entre les populations des villes et des campagnes, par l'acceptation de la communauté de langues et de culture et par la reconnaissance du droit au progrès, à l'information, à l'éducation, à la santé, au travail et au loisir pour tous les citoyens et citoyennes.

Pour assurer la séparation, et la répartition harmonieuse des Pouvoirs de l'État au service des intérêts fondamentaux et prioritaires de la Nation.

Pour instaurer un régime gouvernemental basé sur les libertés fondamentales et le respect des droits humains, la paix sociale, l'équité économique, la concertation et la participation de toute la population aux grandes décisions engageant la vie nationale, par une décentralisation effective.

Pour assurer aux femmes une représentation dans les instances de pouvoir et de décision qui soit conforme à l'égalité des sexes et à l'équité de genre.

Titre premier.

De la République d'Haïti
Son emblème - Ses symboles

Chapitre premier
De la République d'Haïti

Article premier

Haïti est une République, indivisible, souveraine, indépendante, libre, démocratique et solidaire.

Article 1.1

La ville de Port-au-Prince est sa Capitale et le siège de son Gouvernement. Ce siège peut être déplacé en cas de force majeure.

Article 2

Les couleurs nationales sont le bleu et le rouge.

Article 3

L'emblème de la Nation Haïtienne est le Drapeau qui répond à la description suivante :

a) Deux (2) bandes d'étoffe d'égales dimensions l'une bleue en haut, l'autre rouge en bas, placées horizontalement ;

b) Au centre, sur un carré d'étoffe blanche, sont disposées les Armes de la République ;

c) Les Armes de la République sont Le Palmiste surmonté du Bonnet de la Liberté et, ombrageant des ses Palmes, un Trophée d'Armes avec la Légende : L'Union fait la Force.

Article 4

La devise nationale est : Liberté - Égalité - Fraternité.

Article 4.1

L'Hymne National est : La Dessalinienne.

Article 5

Tous les Haïtiens sont unis par une langue commune le Créole.

Le Créole et le Français sont les langues officielles de la République.

Article 6

L'Unité monétaire nationale est la gourde. Elle est divisée en centimes.

Article 7

Le culte de la personnalité est formellement interdit. Les effigies, les noms de personnages vivants ne peuvent figurer sur la monnaie, les timbres, les vignettes. Il en est de même pour les bâtiments publics, les rues et les ouvrages d'art.

Article 7.1

L'utilisation d'effigie de personne décédée doit obtenir l'approbation de l'Assemblée nationale.

Chapitre II
Du territoire de la République d'Haïti

Article 8
Le territoire de la République d'Haïti comprend :
a) La partie occidentale de l'île d'Haïti ainsi que les îles adjacentes : la Gonâve, La Tortue, l'île à Vache, les Cayemites, La Navase, La Grande Caye et les autres îles de la Mer Territoriale ; Il est limité à l'Est par la République Dominicaine, au Nord par l'Océan Atlantique, au Sud et à l'Ouest par la mer des Caraïbes ou mer des Antilles. b) La mer territoriale et la zone économique exclusive ; c) Le milieu aérien surplombant la partie Terrestre et Maritime.

Article 8.1
Le territoire de la République d'Haïti est inviolable et ne peut-être aliéné ni en tout, ni en partie par aucun Traité ou Convention..

Article 9

Le territoire de la République est divisé et subdivisé en Départements, Arrondissements, Communes, Quartiers et Sections Communales.

Article 9.1

La Loi détermine le nombre, les limites de ces divisions et subdivisions et en règle l'organisation et le fonctionnement.

Titre II
De la nationalité haïtienne

Article 10

Les règles relatives à la Nationalité Haïtienne sont déterminées par la Loi.

Article 11

Possède la Nationalité haïtienne d'origine, tout individu né d'un père haïtien ou d'une mère haïtienne qui eux-mêmes sont nés Haïtiens et n'avaient jamais renoncé à leur nationalité au moment de la naissance.

Article 11.1.

La loi établit les conditions dans lesquelles un individu peut acquérir la nationalité haïtienne.

Article 12

Tout haïtien, hormis les privilèges réservés aux Haïtiens d'origine, est soumis à l'ensemble des droits, devoirs et obligations attachés à sa nationalité haïtienne.

Aucun haïtien ne peut faire prévaloir sa nationalité étrangère sur le territoire de la République d'Haïti.

Article 12.1(abrogé)
Article 12.2 (abrogé)
Article 13 (abrogé)
Article 14 (abrogé)
Article 15 (abrogé)

Titre III
Du citoyen
Des droits et devoirs fondamentaux
Chapitre premier
De la qualité de citoyen

Article 16

La jouissance, l'exercice des droits civils et politiques constituent la qualité du citoyen. La suspension et la perte de ces droits sont réglées par la loi.

Article 16.1(abrogé)

Article 16.2

L'âge de la majorité est fixé à dix-huit (18) ans.

Article 17

Les Haïtiens sans distinction de sexe et d'état civil, âgés de dix-huit (18) ans accomplis, peuvent exercer leurs droits civils et politiques s'ils réunissent les autres conditions prévues par la Constitution et par la loi.

Article 17.1

Le principe du quota d'au moins trente pour cent (30%) de femmes est reconnu à tous les niveaux de la vie nationale, notamment dans les services publics.

Article 18

Les Haïtiens sont égaux devant la loi sous réserve des avantages conférés aux Haïtiens d'origine qui n'ont jamais renoncé à leur nationalité.

Chapitre II
Des droits fondamentaux
Section A : Droit à la vie et à la santé

Article 19

L'État a l'impérieuse obligation de garantir le droit à la vie, à la santé, au respect de la personne humaine, à tous les citoyens sans distinction, conformément à la Déclaration universelle des Droits de l'Homme.

Article 20
La peine de mort est abolie en toute matière.

Article 21
Le crime de haute trahison consiste à porter les armes dans une armée étrangère contre la République, à servir une nation étrangère contre la République, dans le fait par tout fonctionnaire de voler les biens de l'État confiés à sa gestion ou toute violation de la Constitution par ceux chargés de la faire respecter.

Article 21.1
Le crime de haute trahison est puni de la peine des travaux forcés à perpétuité sans commutation de peine.

Article 22

L'État reconnaît le droit de tout citoyen à un logement décent, à l'éducation, à l'alimentation et à la sécurité sociale.

Article 23

L'État est astreint à l'obligation d'assurer à tous les citoyens dans toutes les collectivités territoriales les moyens appropriés pour garantir la protection, le maintien et le rétablissement de leur santé par la création d'hôpitaux, de centres de santé et de dispensaires.

Section B : De la liberté individuelle

Article 24

La liberté individuelle est garantie et protégée par l'État.

Article 24.1

Nul ne peut être poursuivi, arrêté ou détenu que dans les cas déterminés par la loi et selon les formes qu'elle prescrit.

Article 24.2

L'arrestation et la détention, sauf en cas de flagrant délit, n'auront lieu que sur un mandat écrit d'un fonctionnaire légalement compétent.

Article 24.3

Pour que ce mandat puisse être exécuté, il faut :

a) Qu'il exprime formellement en créole et en français le ou les motifs de l'arrestation ou de la détention et la disposition de loi qui punit le fait imputé ;

b) Qu'il soit notifié et qu'il en soit laissé copie au moment de l'exécution à la personne prévenue ;

c) Qu'il soit notifié au prévenu de son droit de se faire assister d'un avocat à toutes les phases de l'instruction de l'affaire jusqu'au jugement définitif ;

d) Sauf en cas de flagrant délit, aucune arrestation sur mandat, aucune perquisition ne peut avoir lieu entre six (6) heures du soir et six (6) heures du matin ;

e) La responsabilité est personnelle. Nul ne peut être arrêté à la place d'un autre.

Article 25

Toute rigueur ou contrainte qui n'est pas nécessaire pour appréhender une personne ou la maintenir en détention, toute pression morale ou brutalité physique notamment pendant l'interrogatoire sont interdites.

Article 25.1

Nul ne peut être interrogé en l'absence de son avocat ou d'un témoin de son choix.

Article 26

Nul ne peut être maintenu en détention s'il n'a comparu dans les quarante- huit (48) heures qui suivent son arrestation, par devant un juge appelé à statuer sur la légalité de l'arrestation et si ce juge n'a confirmé la détention par décision motivée.

Article 26.1

En cas de contravention, l'inculpé est déféré par devant le juge de paix qui statue définitivement. En cas de délit ou de crime, le prévenu peut, sans permission préalable et sur simple mémoire, se pourvoir devant le doyen du tribunal de première instance du ressort qui, sur les conclusions du Ministère Public, statue à l'extraordinaire, audience tenante, sans remise ni tour de rôle, toutes affaires cessantes sur la légalité de l'arrestation et de la détention.

Article 26.2

Si l'arrestation est jugée illégale, le Juge ordonne la libération immédiate du détenu et cette décision est exécutoire sur minute nonobstant appel, pourvoi en cassation ou défense d'exécuter.

Article 27

Toutes violations des dispositions relatives à la liberté individuelle sont des actes arbitraires. Les personnes lésées peuvent, sans autorisation préalable, se référer aux tribunaux compétents pour poursuivre les auteurs et les exécuteurs de ces actes arbitraires quelles que soient leurs qualités et à quelque Corps qu'ils appartiennent.

Article 27.1

Les fonctionnaires et les employés de l'État sont directement responsables selon les lois pénales, civiles et administratives des actes accomplis en violation de droits. Dans ces cas, la responsabilité civile s'étend aussi à l'État.

Section C : De la liberté d'expression

Article 28

Tout Haïtien a le droit d'exprimer librement ses opinions, en toute matière par la voie qu'il choisit.

Article 28.1

Le journaliste exerce librement sa profession dans le cadre de la loi. Cet exercice ne peut être soumis à aucune autorisation, ni censure, sauf en cas de guerre.

Article 28.2

Le journaliste ne peut être forcé de révéler ses sources. Il a toutefois pour devoir de vérifier l'authenticité et l'exactitude des informations. Il est également tenu de respecter l'éthique professionnelle.

Article 28.3

Tout délit de presse ainsi que les abus du droit d'expression relèvent du Code Pénal.

Article 29

Le droit de pétition est reconnu. Il est exercé personnellement par un ou plusieurs citoyens mais jamais au nom d'un Corps.

Article 29.1 (abrogé.)

Section D : De la liberté de conscience

Article 30

Toutes les religions et tous les cultes sont libres. Toute personne a le droit de professer sa religion et son culte, pourvu que l'exercice de ce droit ne trouble pas l'ordre et la paix publics.

Article 30.1

Nul ne peut être contraint à faire partie d'une association ou à suivre un enseignement religieux contraire à ses convictions.

Article 30.2

La loi établit les conditions de reconnaissance et de fonctionnement des religions et des cultes.

Section E : De la liberté de réunion et d'association

Article 31

La liberté d'association et de réunion sans armes à des fins politiques, économiques, sociales, culturelles ou à toutes autres fins pacifiques est garantie.

Article 31.1

Les partis et groupements politiques concourent à l'expression du suffrage. Ils se forment et exercent leur activité librement. Ils doivent respecter les principes de la souveraineté nationale et de la démocratie. La loi détermine leurs conditions de reconnaissance et de fonctionnement, les avantages et privilèges qui leur sont réservés.

Article 31.1.1.

Toute loi relative aux Partis politiques doit réserver dans ses structures et dans ses mécanismes de fonctionnement un traitement en conformité avec le principe du quota d'au moins trente pour cent (30%) de femmes exprimé à l'article 17.1.

Article 31.2
Les réunions sur la voie publique sont sujettes à notification préalable aux autorités de police.

Article 31.3
Nul ne peut être contraint de s'affilier à une association, quel qu'en soit le caractère.

Section F : De l'éducation et de l'enseignement

Article 32
L'État garantit le droit à l'éducation.
L'enseignement est libre à tous les degrés.
Cette liberté s'exerce sous le contrôle de l'État.

Article 32.1
L'éducation est une charge de l'État et des collectivités territoriales. Ils doivent mettre l'école

gratuitement à la portée de tous, veiller au niveau de formation des enseignants des secteurs public et non public

Article 32.2
La première charge de l'État et des collectivités territoriales est la scolarisation massive, seule capable de permettre le développement du pays. L'État encourage et facilite l'initiative privée en ce domaine.

Article 32.3
L'enseignement fondamental est obligatoire. Les fournitures classiques et le matériel didactique seront mis gratuitement par l'État à la disposition des élèves au niveau de l'enseignement fondamental.

Article 32.4
L'enseignement agricole, professionnel et technique est pris en charge par l'État et les collectivités territoriales.

Article 32.5

La formation préscolaire et maternelle sera prise en charge par l'État et les collectivités territoriales.

Article 32.6

L'accès aux études supérieures est ouvert, en pleine égalité à tous.

Article 32.7

L'État doit veiller à ce que chaque collectivité territoriale soit dotée d'établissements adaptés aux besoins de son développement.

Article 32.8

L'État garantit aux personnes à besoins spéciaux la protection, l'éducation et tout autre moyen nécessaire à leur plein épanouissement et à leur intégration ou réintégration dans la société.

Article 32.9

L'État et les collectivités territoriales ont pour devoir de prendre toutes les dispositions nécessaires en vue d'intensifier la campagne d'alphabétisation des masses. Ils encouragent toutes les initiatives privées tendant à cette fin.

Article 32.10
L'enseignant a droit à un salaire de base équitable.

Article 33
L'enseignement est libre à tous les degrés. Cette liberté s'exerce sous le contrôle de l'État.

Article 34
Hormis les cas de flagrant délit, l'enceinte des établissements d'enseignement est inviolable. Aucune force de l'ordre ne peut y pénétrer qu'en accord avec la Direction desdits établissements.

Article 34.1
Cette disposition ne s'applique pas quand un établissement scolaire est utilisé à d'autres fins.

Section G : De la liberté du travail

Article 35

La liberté du travail est garantie. Tout citoyen a pour obligation de se consacrer à un travail de son choix en vue de subvenir à ses besoins et à ceux de sa famille, de coopérer avec l'État à l'établissement d'un système de sécurité sociale.

Article 35.1

Tout employé d'une institution privée ou publique a droit à un juste salaire, au repos, au congé annuel payé et au bonus.

Article 35.2

L'État garantit au travailleur, l'égalité des conditions de travail et de salaire quel que soit son sexe, ses croyances, ses opinions et son statut matrimonial.

Article 35.3

La liberté syndicale est garantie. Tout travailleur des secteurs privé et public peut adhérer au Syndicat de ses activités professionnelles pour la défense exclusivement de ses intérêts de travail.

Article 35.4

Le syndicat est essentiellement apolitique, à but non lucratif et non confessionnel. Nul ne peut être contraint d'y adhérer.

Article 35.5

Le droit de grève est reconnu dans les limites déterminée par la loi.

Article 35.6

La loi fixe la limite d'âge pour le travail salarié. Des Lois Spéciales réglementent le travail des enfants mineurs et des gens de maison.

Section H : De la propriété

Article 36
La propriété privée est reconnue et garantie. La loi en détermine les modalités d'acquisition, de jouissance, ainsi que les limites.

Article 36.1
L'expropriation pour cause d'utilité publique peut avoir lieu moyennant le paiement ou la consignation ordonnée par la justice aux ordres de qui de droit, d'une juste et préalable indemnité fixée à dire d'expert.

Si le projet initial est abandonné, l'expropriation est annulée et l'immeuble ne pouvant être l'objet d'aucune autre spéculation, doit être restitué à son propriétaire originaire, sans aucun remboursement pour le petit propriétaire. La mesure d'expropriation est effective à partir de la mise en œuvre du projet.

Article 36.2

La Nationalisation et la confiscation des biens, meubles et immeubles pour causes politiques sont interdites.

Nul ne peut être privé de son droit légitime de propriété qu'en vertu d'un jugement rendu par un tribunal de droit commun passé en force de chose souverainement jugée, sauf dans le cadre d'une réforme agraire.

Article 36.3

La propriété entraîne également des obligations. Il n'en peut être fait un usage contraire à l'intérêt général.

Article 36.4

Le propriétaire foncier doit cultiver, exploiter le sol et le protéger, notamment contre l'érosion. La sanction de cette obligation est prévue par la loi.

Article 36.5

Le droit de propriété ne s'étend pas au littoral, aux sources, rivières, cours d'eau, mines et carrières. Ils font partie du domaine public de l'État.

Article 36.6

La loi fixe les règles qui conditionnent la liberté de prospection et le droit d'exploiter les mines, minières et carrières du sous-sol, en assurant au propriétaire de la surface, aux concessionnaires et à l'État haïtien une participation équitable au profit que procure la mise en valeur de ces ressources naturelles.

Article 37

La loi fixe les conditions de morcellement et de remembrement de la terre en fonction du plan d'aménagement du territoire et du bien -être des communautés concernées, dans le cadre d'une réforme agraire.

Article 38

La propriété scientifique, littéraire et artistique est protégée par la loi.

Article 39

Les habitants des sections communales ont un droit de préemption pour l'exploitation des terres du domaine privé de l'État situées dans leur localité.

Section I : Droit à l'information

Article 40

Obligation est faite à l'État de donner publicité par voie de presse parlée, écrite et télévisée, en langues créole et française aux lois, arrêtés, décrets, accords internationaux, traités, conventions, à tout ce qui touche la vie nationale, exception faite pour les informations relevant de la sécurité nationale.

Section J : Droit à la sécurité

Article 41

Aucun individu de nationalité haïtienne ne peut être déporté ou forcé de laisser le territoire national pour quelque motif que ce soit. Nul ne peut être privé pour des motifs politiques de sa capacité juridique et de sa nationalité.

Article 41.1

Aucun haïtien n'a besoin de visa pour laisser le pays ou pour y revenir.

Article 42

Aucun citoyen, civil ou militaire ne peut être distrait des juges que la Constitution et les lois lui assignent.

Article 42.1

Le militaire accusé de crime de haute trahison envers la patrie est passible du tribunal de droit commun.

Article 42.2

La justice militaire n'a juridiction que :

a) Dans les cas de violation des règlements du Manuel de justice militaire par des militaires ;

b) Dans les cas de conflits entre les membres des forces armées ;

c) En cas de guerre.

Article 42.3

Les cas de conflit entre civils et militaires, les abus, violences et crimes perpétrés contre un civil par un militaire dans l'exercice de ses fonctions, relèvent exclusivement des tribunaux de droit commun.

Article 43

Aucune visite domiciliaire, aucune saisie de papier ne peut avoir lieu qu'en vertu de la loi et dans les formes qu'elle prescrit.

Article 44
Les détenus provisoires attendant d'être jugés doivent être séparés de ceux qui purgent une peine.

Article 44.1
Le régime des prisons doit répondre aux normes attachées au respect de la dignité humaine selon la loi sur la matière.

Article 45
Nulle peine ne peut être établie que par la loi, ni appliquée que dans les cas que celle-ci détermine.

Article 46
Nul ne peut être obligé, en matière criminelle, correctionnelle ou de simple police, à témoigner contre lui-même ou ses parents jusqu'au quatrième degré de consanguinité ou deuxième degré d'alliance.

Article 47

Nul ne peut être contraint à prêter serment que dans les cas et dans les formes prévus par la loi.

Article 48

L'État veillera à ce qu'une caisse de pension civile de retraite soit établie dans les secteurs privé et public. Elle sera alimentée par les contributions des employeurs et employés suivant les critères et modalités établis par la loi. L'allocation de la pension est un droit et non une faveur.

Article 49

La liberté, le secret de la correspondance et de toutes les autres formes de communication sont inviolables. Leur limitation ne peut se produire que par un acte motivé de l'autorité judiciaire, selon les garanties fixées par la loi.

Article 50

Dans le cadre de la Constitution et de la loi, le jury est établi en matière criminelle pour les crimes de sang et en matière de délits politiques.

Article 51

La loi ne peut avoir d'effet rétroactif, sauf en matière pénale quand elle est favorable à l'accusé.

Chapitre III
Des devoirs du citoyen

Article 52

A la qualité de citoyen se rattache le devoir civique. Tout droit est contrebalancé par le devoir correspondant.

Article 52.1

Le devoir civique est l'ensemble des obligations du citoyen dans l'ordre moral, politique, social et économique vis-à-vis de l'État et de la Patrie. Ces obligations sont :

a) respecter la Constitution et l'emblème national ;
b) respecter les lois ;
c) voter aux élections sans contrainte ;
d) payer ses taxes ;
e) servir de juré ;
f) défendre le pays en cas de guerre ;
g) s'instruire et se perfectionner ;
h) respecter et protéger l'environnement ;
i) respecter scrupuleusement les deniers et biens de l'État ;
j) respecter le bien d'autrui ;
k) oeuvrer pour le maintien de la paix ;
l) fournir assistance aux personnes en danger ;
m) respecter les droits et la liberté d'autrui.

Article 52.2

La dérogation à ces prescriptions est sanctionnée par la loi.

Article 52.3

Il est établi un service civique mixte obligatoire dont les conditions de fonctionnement sont établies par la loi.

Titre IV
Des étrangers

Article 53

Les conditions d'admission et de séjour des étrangers dans le pays sont établies par la loi.

Article 54

Les étrangers qui se trouvent sur le territoire de la République bénéficient de la même protection que celle qui est accordée aux Haïtiens, conformément à la loi.

Article 54.1

L'étranger jouit des droits civils, des droits économiques et sociaux sous la réserve des dispositions légales relatives au droit de propriété immobilière, à l'exercice des professions, au commerce de gros, à la représentation commerciale et aux opérations d'importation et d'exportation.

Article 55
Le droit de propriété immobilière est accordé à l'étranger résidant en Haïti pour les besoins de sa demeure.

Article 55.1
Cependant, l'étranger résidant en Haïti ne peut être propriétaire de plus d'une maison d'habitation dans un même arrondissement. Il ne peut en aucun cas se livrer au trafic de location d'immeubles. Toutefois, les sociétés étrangères de promotion immobilière bénéficient d'un statut spécial réglé par la loi.

Article 55.2
Le droit de propriété immobilière est également accordé à l'étranger résidant en Haïti et aux sociétés étrangères pour les besoins de leurs

entreprises agricoles, commerciales, industrielles, religieuses, humanitaires ou d'enseignement, dans les limites et conditions déterminées par la loi.

Article 55.3
Aucun étranger ne peut être propriétaire d'un immeuble borné par la frontière terrestre haïtienne.

Article 55.4
Ce droit prend fin cinq (5) années après que l'étranger a cessé de résider dans le pays ou qu'ont cessé les opérations de ces sociétés, conformément à la loi qui détermine les règlements à suivre pour la transmission et la liquidation des biens appartenant aux étrangers.

Article 55.5
Les contrevenants aux susdites dispositions ainsi que leurs complices seront punis conformément à la loi.

Article 56

L'étranger peut être expulsé du territoire de la République lorsqu'il s'immisce dans la vie politique du pays et dans les cas déterminés par la loi.

Article 57

Le droit d'asile est reconnu aux réfugiés politiques.

Titre V
De la souveraineté nationale

Article 58

La souveraineté nationale réside dans l'universalité des citoyens.

Les citoyens exercent directement les prérogatives de la souveraineté par :

a) l'élection du Président de la République ;

b) l'élection des membres du Pouvoir législatif ;

c) l'élection des membres de tous autres corps ou de toutes assemblées prévues par la Constitution et par la loi.

Article 59

Les citoyens délèguent l'exercice de la souveraineté nationale à trois (3) pouvoirs :
a) le pouvoir législatif ;
b) le pouvoir exécutif ;
c) le pouvoir judiciaire.

Le principe de séparation des trois (3) pouvoirs est consacré par la Constitution.

Article 59.1

L'ensemble de ces trois (3) pouvoirs constitue le fondement essentiel de l'organisation de l'État qui est civil.

Article 60

Chaque pouvoir est indépendant des deux (2) autres dans ses attributions qu'il exerce séparément.

Article 60.1

Aucun d'eux ne peut, sous aucun motif, déléguer ses attributions en tout ou en partie, ni sortir des limites qui sont fixées par la Constitution et par la loi.

Article 60.2

La responsabilité entière est attachée aux actes de chacun des trois (3) pouvoirs.

Chapitre premier
Des collectivités territoriales et de la décentralisation

Article 61

Les collectivités territoriales sont la section communale, la commune et le département.

Article 61.1

La loi peut créer toute autre collectivité territoriale.

Section A : De la section communale

Article 62
La section communale est la plus petite entité territoriale administrative de la République.

Article 63
L'administration de chaque section communale est assurée par un conseil de trois (3) membres élus au suffrage universel pour une durée de quatre (4) ans. Ils sont indéfiniment rééligibles. Son mode d'organisation et de fonctionnement est réglé par la loi.

Article 63.1
Le conseil d'administration de la section communale est assisté dans sa tâche par une assemblée de la section communale.

Article 64
L'État a pour obligation d'établir au niveau de chaque section communale les structures propres

à la formation sociale, économique, civique et culturelle de sa population.

Article 65
Pour être membre du conseil d'administration de la section communale, il faut :
a) être Haïtien et âgé de 25 ans au moins ;
b) avoir résidé dans la section communale deux (2) ans avant les élections et continuer à y résider ;
c) jouir de ses droits civils et politiques et n'avoir jamais été condamné à une peine afflictive et infamante.

Section B : De la Commune

Article 66
La Commune a l'autonomie administrative et financière. Chaque Commune de la République est administrée par un Conseil de trois (3) membres élus au suffrage universel dénommé Conseil Municipal.

Article 66.1
Le Président du Conseil porte le titre de Maire. Il est assisté de Maires adjoints.

Article 67
Le Conseil Municipal est assisté dans sa tâche d'une Assemblée municipale formée notamment d'un représentant de chacune de ses Sections communales.

Article 68
Le mandat du Conseil municipal est de quatre (4) ans et ses membres sont indéfiniment rééligibles.

Article 69
Le mode d'organisation et le fonctionnement de la Commune et du Conseil municipal sont réglés par la loi.

Article 70
Pour être élu membre d'un Conseil municipal, il faut :

a) être Haïtien ;
b) être âgé de vingt-cinq (25) ans accomplis ;
c) jouir de ses droits civils et politiques ;
d) n'avoir jamais été condamné à une peine afflictive et infamante ;
e) avoir résidé au moins 3 ans dans la Commune et s'engager à y résider pendant la durée de son mandat.

Article 71
Chaque Conseil municipal est assisté sur sa demande d'un Conseil technique fourni par l'administration centrale.

Article 72
Le Conseil municipal ne peut être dissous qu'en cas d'incurie, de malversation ou d'administration frauduleuse légalement prononcée par le tribunal compétent. En cas de dissolution, le Conseil départemental supplée immédiatement à la vacance et saisit le Conseil Électoral Permanent dans les soixante (60) jours à partir de la date de la

dissolution en vue de l'élection d'un nouveau Conseil devant gérer les intérêts de la Commune pour le temps qui reste à courir. Cette procédure s'applique en cas de vacance pour toute autre cause.

Article 73

Le Conseil municipal administre ses ressources au profit exclusif de la municipalité et rend compte à l'Assemblée municipale qui elle-même en fait rapport au Conseil départemental.

Article 74.

Le Conseil Municipal a le privilège de veiller à la gestion des biens fonciers du domaine privé de l'État situés dans les limites de sa Commune par les services compétents conformément à la loi.

Section C : De l'arrondissement

Article 75

L'arrondissement est une division administrative pouvant regrouper plusieurs communes. Son organisation et son fonctionnement sont réglés par la loi.

Section D: Du Département

Article 76
Le département est la plus grande division territoriale. Il regroupe les arrondissements.

Article 77
Le département est une personne morale. Il est autonome.

Article 78
Chaque département est administré par un Conseil de trois (3) membres élus pour quatre (4) ans par l'Assemblée départementale.

Article 79
Le membre du Conseil départemental n'est pas forcément tiré de l'Assemblée mais il doit : a) être Haïtien et âgé de vingt-cinq (25) ans au moins ; b)

avoir résidé dans le département trois (3) ans avant les élections et s'engager à y résider pendant la durée du mandat ; c) jouir de ses droits civils et politiques et n'avoir jamais été condamné à une peine afflictive et infamante.

Article 80
Le Conseil départemental est assisté dans sa tâche d'une Assemblée départementale formée d'un (1) représentant de chaque assemblée municipale.

Article 80.1
Ont accès aux réunions de l'Assemblée avec voix consultative :
a) les députés et sénateurs du département ; b) un (1) représentant de chaque association socio-professionnelle ou syndicale ; c) le délégué départemental ; d) les directeurs des services publics du département.

Article 81

Le Conseil départemental élabore en collaboration avec l'administration centrale, le plan de développement du département.

Article 82

L'organisation et le fonctionnement du conseil départemental et de l'assemblée départementale sont réglés par la loi.

Article 83

Le conseil départemental administre ses ressources financières au profit exclusif du département et rend compte à l'Assemblée départementale qui elle-même en fait rapport à l'administration centrale.

Article 84

Le conseil départemental peut être dissous en cas d'incurie, de malversations ou d'administration frauduleuse légalement constatées par le tribunal compétent.

En cas de dissolution, l'administration centrale nomme une commission provisoire et saisit le conseil électoral permanent en vue de l'élection d'un nouveau conseil pour le temps à courir dans les soixante (60) jours de la dissolution.

Section E : Des délégués et vice-délégués

Article 85

Dans chaque chef-lieu de département, le pouvoir exécutif nomme un représentant qui porte le titre de délégué. Un vice-délégué placé sous l'autorité du délégué est également nommé dans chaque chef-lieu d'arrondissement.

Article 86

Les délégués et vice-délégués assurent la coordination et le contrôle des services publics et n'exercent aucune fonction de police répressive.

Les autres attributions des délégués et vice-délégués sont déterminées par la loi.

Section F : Du conseil interdépartemental

Article 87

L'Exécutif est assisté d'un (1) Conseil interdépartemental dont les membres sont désignés par les assemblées départementales à raison d'un (1) par département.

Article 87.1

Ce représentant, choisi parmi les membres des assemblées départementales, sert de liaison entre le département et le pouvoir exécutif.

Article 87.2

Le conseil interdépartemental, de concert avec l'Exécutif, étudie et planifie les projets de décentralisation et de développement du pays, au point de vue social, économique, commercial, agricole et industriel.

Article 87.3

Il assiste aux séances de travail du Conseil des ministres lorsqu'elles traitent des objets mentionnés au précédent paragraphe avec voix délibérative.

Article 87.4

La décentralisation doit être accompagnée de la déconcentration des services publics avec délégation de pouvoir et du décloisonnement industriel au profit des départements.

Article 87.5

La loi détermine l'organisation et le fonctionnement du conseil interdépartemental.

Chapitre II
Du pouvoir législatif

Article 88

Le pouvoir législatif s'exerce par deux (2) Chambres représentatives. Une (1) Chambre des députés et un (1) Sénat qui forment le Corps législatif ou Parlement.

Section A : De la Chambre des députés

Article 89
La Chambre des députés est un corps composé de membres élus au suffrage direct par les citoyens et chargé d'exercer au nom de ceux-ci et de concert avec le Sénat les attributions du Pouvoir législatif.

Article 90
Chaque collectivité municipale constitue une circonscription électorale et élit un (1) député. La loi fixe le nombre de députés au niveau des grandes agglomérations sans que ce nombre n'excède trois (3).

En attendant l'application des alinéas précédents, le nombre de députés ne peut être inférieur à soixante-dix (70).

Article 90.1
L'élection du député a lieu le dernier dimanche d'octobre de la quatrième année de son mandat. Il est élu à la majorité absolue des suffrages exprimés dans les assemblées électorales à travers des votes valides, conformément à la loi électorale.

Article 90.2.
A l'occasion des élections, le candidat à la députation le plus favorisé au premier tour n'ayant pas obtenu la majorité absolue est déclaré vainqueur dans le cas où son avance par rapport à son poursuivant immédiat est égale ou supérieure à vingt-cinq pour cent (25%).

Article 91
Pour être membre de la Chambre des députés, il faut :
1) être Haïtien d'origine, n'avoir jamais renoncé à sa nationalité et ne détenir aucune autre nationalité au moment de son inscription ;
2) être âgé de vingt-cinq (25) ans accomplis ;

3) jouir de ses droits civils et politiques et n'avoir jamais été condamné à une peine afflictive et infamante pour un crime de droit commun ;

4) avoir résidé au moins deux (2) années consécutives précédant la date des élections dans la circonscription électorale à représenter ;

5) Être propriétaire d'un immeuble au moins dans la circonscription ou y exercer une profession ou une industrie ;

6) avoir reçu décharge, le cas échéant, comme gestionnaire de fonds publics.

Article 92

Les députés sont élus pour quatre (4) ans et sont indéfiniment rééligibles.

Article 92.1

Ils entrent en fonction le deuxième lundi de janvier qui suit leurs élections et siègent en deux (2) sessions annuelles. La durée de leur mandat forme une législature.

Au cas où les élections ne peuvent aboutir avant le deuxième lundi de janvier, les députés élus entrent en fonction immédiatement après la validation du scrutin et leur mandat de quatre (4) ans est censé avoir commencé le deuxième lundi de janvier de l'année de l'entrée en fonction.

Article 92.2
La première session va du deuxième lundi de janvier au deuxième lundi de mai. La seconde, du deuxième lundi du mois de juin au deuxième lundi de septembre.

Article 92.3
Le renouvellement de la Chambre des députés se fait intégralement tous les quatre (4) ans.

Article 93
La Chambre des députés, outre les attributions qui lui sont dévolues par la Constitution en tant que branche du pouvoir législatif, a le privilège de mettre en accusation le Chef de l'État, le Premier

Ministre, les Ministres, les Secrétaires d'État par devant la Haute Cour de justice, par une majorité des 2/3 de ses membres. Les autres attributions de la Chambre des députés lui sont assignées par la Constitution et par la loi.

Section B : Du Sénat

Article 94
Le Sénat est un Corps composé de membres élus au suffrage direct par les citoyens et chargé d'exercer en leur nom, de concert avec la Chambre des Députés, les attributions du Pouvoir législatif.

Article 94.1
Le nombre des sénateurs est fixé à trois (3) sénateurs par département.

Article 94.2
Le sénateur de la République est élu au suffrage universel à la majorité absolue dans les assemblées primaires tenues dans les

Départements géographiques, selon les conditions prescrites par la loi électorale.

Article 94.3.

A l'occasion des élections, le candidat au Sénat le plus favorisé au premier tour n'ayant pas obtenu la majorité absolue est déclaré vainqueur dans le cas où son avance par rapport à son poursuivant immédiat est égale ou supérieure à vingt-cinq pour cent (25%).

Article 95

Les sénateurs sont élus pour six (6) ans et sont indéfiniment rééligibles. Ils entrent en fonction le deuxième lundi de janvier qui suit leurs élections.

Au cas où les élections ne peuvent aboutir avant le deuxième lundi de janvier, les sénateurs élus entrent en fonction immédiatement après la validation du scrutin et leur mandat de six (6) ans est censé avoir commencé le deuxième lundi de janvier de l'année de l'entrée en fonction.

Article 95.1
Les sénateurs siègent en permanence.

Article 95.2
Le Sénat peut cependant s'ajourner excepté durant la session législative. Lorsqu'il s'ajourne, il laisse un comité permanent chargé d'expédier les affaires courantes. Ce comité ne peut prendre aucun arrêté, sauf pour la convocation du Sénat.

Dans les cas d'urgence, l'Exécutif peut également convoquer le Sénat avant la fin de l'ajournement.

Article 95.3
Le renouvellement du Sénat se fait par tiers (1/3) tous les deux ans.

Article 96
Pour être élu sénateur, il faut :
1) être Haïtien d'origine, n'avoir jamais renoncé à sa nationalité et ne détenir aucune autre nationalité au moment de l'inscription ;

2) être âgé de trente (30) ans accomplis ;

3) jouir de ses droits civils et politiques et n'avoir jamais été condamné à une peine afflictive et infamante pour un crime de droit commun ;

4) avoir résidé dans le département à représenter au moins quatre (4) années consécutives précédant la date des élections ;

5) être propriétaire d'un immeuble au moins dans le département ou y exercer une profession ou une industrie ;

6) avoir obtenu décharge, le cas échéant, comme gestionnaire de fonds publics.

Article 97

En addition aux responsabilités qui lui sont inhérentes en tant que branche du Pouvoir législatif, le Sénat exerce les attributions suivantes :

1) proposer à l'Exécutif la liste des juges de la Cour de Cassation selon les prescriptions de la Constitution ;

2) s'ériger en Haute Cour de justice ;

3) Exercer toutes autres attributions qui lui sont assignées par la présente Constitution et par la loi.

Section C : De l'Assemblée nationale

Article 98

La réunion en une seule Assemblée des deux (2) branches du pouvoir législatif constitue l'Assemblée Nationale.

Article 98.1

L'Assemblée Nationale se réunit pour l'ouverture et la clôture de chaque Session et dans tous les autres cas prévus par la Constitution.

Article 98.2

Les pouvoirs de l'Assemblée Nationale sont limités et ne peuvent s'étendre à d'autres objets que ceux qui lui sont spécialement attribués par la Constitution.

Article 98.3

Les attributions sont :

1. de recevoir le serment constitutionnel du Président de la République ;

2. de ratifier toute décision de déclarer la guerre quand toutes les tentatives de conciliation ont échoué ;

3. d'approuver ou de rejeter les traités et conventions internationales ;

4. d'amender la Constitution selon la procédure qui y est indiquée ;

5. de ratifier la décision de l'exécutif de déplacer le siège du gouvernement dans les cas déterminés par l'article 1.1 de la présente Constitution ;

6. de statuer sur l'opportunité de l'état d'urgence et de l'état de siège, d'arrêter avec l'exécutif les garanties constitutionnelles à suspendre et de se prononcer sur toute demande de renouvellement de cette mesure ;

7. de concourir à la formation du Conseil Électoral Permanent, conformément à l'article 192 de la Constitution ;

8. de concourir à la nomination d'un président provisoire conformément à l'article 149 de la Constitution ;

9. de concourir à la formation du Conseil Constitutionnel conformément à l'article 190 bis.1 de la Constitution ;

10. de recevoir, à l'ouverture de chaque session, le bilan des activités du Gouvernement.

Article 99

L'Assemblée Nationale est présidée par le Président du Sénat, assisté du Président de la Chambre des députés en qualité de Vice-Président. Les Secrétaires du Sénat et ceux de la Chambre des députés sont les Secrétaires de l'Assemblée Nationale.

Article 99.1

En cas d'empêchement du Président du Sénat, l'Assemblée Nationale est présidée par le Président de la Chambre des députés, le

Vice-Président du Sénat devient alors Vice-Président de l'Assemblée Nationale.

Article 99.2

En cas d'empêchement des deux (2) Présidents, les deux (2) Vice-Président y suppléent respectivement.

Article 100

Les séances de l'Assemblée sont publiques. Néanmoins, elles peuvent avoir lieu à huis clos sur la demande de cinq (5) membres et il sera ensuite décidé à la majorité absolue si la séance doit être reprise en public.

Article 101

En cas d'urgence, lorsque le corps législatif n'est pas en session, le pouvoir exécutif peut convoquer l'Assemblée Nationale à l'extraordinaire.

Article 102

L'Assemblée Nationale ne peut siéger ou prendre des décisions et des résolutions sans la présence en son sein de la majorité de chacune des deux (2) Chambres.

Article 103

Le corps législatif a son siège à Port-au-Prince. Néanmoins, suivant les circonstances, ce siège sera transféré ailleurs au même lieu et en même temps que celui du pouvoir exécutif.

Section D :
De l'exercice du pouvoir législatif

Article 104

La session du Corps législatif prend date dès l'ouverture des deux (2) Chambres en Assemblée Nationale.

Article 105

Dans l'intervalle des sessions ordinaires et en cas d'urgence, le Président de la République peut convoquer le corps législatif en session extraordinaire.

Article 106
Le Chef du pouvoir exécutif rend compte de cette mesure par un message.

Article 107
Dans le cas de convocation à l'extraordinaire du corps législatif, il ne peut décider sur aucun objet étranger au motif de la convocation.

Article 107.1
Cependant, tout sénateur ou député peut entretenir l'Assemblée à laquelle il appartient de question d'intérêt général.

Article 108
Chaque Chambre vérifie et valide les pouvoirs de ses membres et juge souverainement les contestations qui s'élèvent à ce sujet.

Article 109

Les membres de chaque Chambre prêtent le serment suivant :

« *Je jure de m'acquitter de ma tâche, de maintenir et de sauvegarder les droits du Peuple et d'être fidèle à la Constitution.* »

Article 110

Les séances des (2) deux Chambres sont publiques. Chaque Chambre peut travailler à huis clos sur la demande de cinq (5) membres et décider ensuite à la majorité si la séance doit être reprise en public.

Article 111

Le Pouvoir législatif fait des lois sur tous les objets d'intérêt public.

Article 111.1

L'initiative en appartient à chacune des deux (2) Chambres ainsi qu'au pouvoir exécutif.

Article 111.2

Toutefois l'initiative de la Loi Budgétaire, des lois concernant l'assiette, la quotité et le mode de perception des impôts et contributions, de celles ayant pour objet de créer des recettes ou d'augmenter les recettes et les dépenses de l'État est du ressort du pouvoir exécutif. Les projets présentés à cet égard doivent être votés d'abord par la Chambre des députés.

Article 111.3

En cas de désaccord entre les deux (2) Chambres relativement aux lois mentionnées dans le précédent paragraphe, chaque Chambre nomme au scrutin de liste et en nombre égal une commission parlementaire qui résout en dernier ressort le désaccord.

Article 111.4

Si le désaccord se produit à l'occasion de toute autre loi, celle-ci sera ajournée jusqu'à la session suivante. Si à cette session et même en cas de renouvellement des Chambres, la loi étant présentée à nouveau, une entente ne se réalise pas, chaque Chambre nomme au scrutin de liste et en nombre égal, une commission parlementaire chargée d'arrêter le texte définitif qui sera soumis aux deux (2) Assemblées, à commencer par celle qui avait primitivement voté la loi. Et si ces nouvelles délibérations ne donnent aucun résultat, le projet ou la proposition de loi sera retiré.

Article 111.5 (abrogé)

Article 111.6 (abrogé)

Article 111.7 (abrogé)

Article 111.8
En aucun cas, la Chambre des députés ou le Sénat ne peut être dissous ou ajourné, ni le mandat de leurs membres prorogé.

Article 112

Chaque Chambre au terme de ses règlements, nomme son personnel, fixe sa discipline et détermine le mode suivant lequel elle exerce ses attributions.

Article 112.1

Chaque Chambre peut appliquer à ces membres pour conduite répréhensible, par décision prise à la majorité des 2/3, des peines disciplinaires sauf celle de la radiation.

Article 113

Sera déchu de sa qualité de député ou de sénateur, tout membre du Corps législatif qui, pendant la durée de son mandat, aura été frappé d'une condamnation prononcée par un tribunal de droit commun qui a acquis autorité de chose jugée et entraîne l'inéligibilité.

Article 114

Les membres du Corps législatif sont inviolables du jour de leur prestation de serment jusqu'à l'expiration de leur mandat, sous réserve des dispositions de l'article 115 ci-après.

Article 114.1

Ils ne peuvent être en aucun temps poursuivis et attaqués pour les opinions et votes émis par eux dans l'exercice de leur fonction.

Article 114.2

Aucune contrainte par corps ne peut être exécutée contre un membre du Corps législatif pendant la durée de son mandat.

Article 115

Nul membre du Corps législatif ne peut, durant son mandat, être arrêté en matière criminelle, correctionnelle ou de police pour délit de droit commun, si ce n'est avec l'autorisation de la Chambre à laquelle il appartient, sauf le cas de flagrant délit pour faits emportant une peine afflictive et infamante. Il en est alors référé à la Chambre des députés ou au Sénat sans délai si le Corps législatif est en session, dans le cas contraire, à l'ouverture de la prochaine session ordinaire ou extraordinaire.

Article 116
Aucune des deux (2) Chambres ne peut siéger, ni prendre une résolution sans la présence de la majorité de ses membres.

Article 117
Tous les actes du Corps législatif doivent être pris à la majorité des membres présents, excepté s'il en est autrement prévu par la présente Constitution.

Article 118
Chaque Chambre a le droit d'enquêter sur les questions dont elle est saisie.

Article 119

Tout le projet de loi doit être voté article par article.

Article 119.1.

Le Pouvoir Exécutif peut solliciter le bénéfice de l'urgence dans le vote d'un projet de loi.

Dans le cas où le bénéfice de l'urgence sollicité est obtenu, le projet de loi est voté article par article toutes affaires cessantes.

Article 120

Chaque Chambre a le droit d'amender et de diviser les articles et amendements proposés. Les amendements votés par une Chambre ne peuvent faire partie d'un projet de loi qu'après avoir été votés par l'autre Chambre dans la même forme et en des termes identiques. Aucun projet de loi ne devient loi qu'après avoir été voté dans la même forme par les deux (2) Chambres.

Article 120.1
Tout projet peut être retiré de la discussion tant qu'il n'a pas été définitivement voté.

Article 121.
Toute loi votée par le Corps législatif est immédiatement adressée au Président de la République qui, avant de la promulguer, a le droit d'y faire des objections en tout ou en partie.

Article 121.1
Dans ce cas, le Président de la République renvoie la loi avec ses objections à la Chambre où elle a été primitivement votée. Si la loi est amendée par cette Chambre, elle est renvoyée à l'autre Chambre avec les objections.

Article 121.2
Si la loi ainsi amendée est votée par la seconde Chambre, elle sera adressée de nouveau au Président de la République pour être promulguée.

Article 121.3

Si les objections sont rejetées par la Chambre qui a primitivement voté la loi, elle est renvoyée à l'autre Chambre avec les objections.

Article 121.4

Si la seconde Chambre vote également le rejet, la loi est renvoyée au Président de la République qui est dans l'obligation de la promulguer.

Article 121.5

Le rejet des objections est voté par l'une ou l'autre Chambre à la majorité prévue par l'article 117. Dans ce cas, les votes de chaque Chambre seront émis au scrutin secret.

Article 121.6

Si dans l'une ou l'autre Chambre, la majorité prévue à l'alinéa précédent n'est pas obtenue pour le rejet, les objections sont acceptées.

Article 122

Le droit d'objection doit être exercé dans un délai de huit (8) jours francs à partir de la date de la réception de la loi par le Président de la République.

Article 123

Si dans les délais prescrits, le Président de la République ne fait aucune objection, la loi doit être promulguée à moins que la session du Corps législatif n'ait pris fin avant l'expiration des délais, dans ce cas, la loi demeure ajournée. La loi ainsi ajournée est, à l'ouverture de la session suivante, adressée au Président de la République pour l'exercice de son droit d'objection.

Article 124

Un projet de loi rejeté par l'une des deux (2) Chambres ne peut être présenté de nouveau dans la même session.

Article 125

Les lois et autres actes du Corps législatif et de l'Assemblée Nationale seront rendus exécutoires par leur promulgation et leur publication au Journal Officiel de la République.

Article 125.1

Ils sont numérotés, insérés dans le bulletin imprimé et numéroté ayant pour titre Bulletin des lois et actes.

Article 126

La loi prend date du jour de son adoption définitive par les deux (2) Chambres.

Article 127

Nul ne peut en personne présenter des pétitions à la tribune du Pouvoir législatif. Toute pétition adressée au Pouvoir Législatif doit donner lieu à une procédure réglementaire permettant de statuer sur son objet.

Article 128

L'interprétation des lois par voie d'autorité, n'appartient qu'au Pouvoir législatif, elle est donnée dans la forme d'une loi.

Article 129

Chaque membre du Corps législatif reçoit une indemnité mensuelle à partir de sa prestation de serment.

Article 129.1

La fonction de membre du Corps législatif est incompatible avec toute autre fonction rétribuée par l'État, sauf celle d'enseignant.

Article 129.2

Le droit de questionner et d'interpeller un membre du Gouvernement ou le Gouvernement tout entier sur les faits et actes de l'administration est reconnu à tout membre des deux (2) Chambres.

Article 129.3

La demande d'interpellation doit être appuyée par cinq (5) membres du Corps intéressé. Elle aboutit à un vote de confiance ou de censure pris à la majorité de ce Corps.

Article 129.4

Lorsque la demande d'interpellation aboutit à un vote de censure sur une question se rapportant au programme où à une déclaration de politique générale du Gouvernement, le Premier Ministre doit remettre au Président de la République, la démission de son Gouvernement.

Article 129.5

Le Président doit accepter cette démission et nommer un nouveau Premier Ministre, conformément aux dispositions de la Constitution.

Article 129.6

Le Pouvoir Législatif ne peut prendre, à l'endroit du Premier Ministre, plus d'un vote de censure par an.

Tout Premier Ministre ayant obtenu un vote de confiance peut être interpellé dans un délai de six (6) mois après ce vote de confiance.

L'échec d'une motion de censure, soumise au vote dans une des deux Chambres, à l'endroit du Premier ministre équivaut à un vote de confiance.

Article 130

En cas de mort, de démission, de déchéance, d'interdiction judiciaire ou d'acceptation d'une fonction incompatible avec celle de membre du Corps législatif, il est pourvu au remplacement du député ou du sénateur dans sa circonscription électorale pour le temps seulement qui reste à courir par une élection partielle sur convocation de l'Assemblée Primaire Électorale faite par le

Conseil Électoral Permanent dans le mois même de la vacance.

Article 130.1
L'élection a lieu dans une période de trente (30) jours après la convocation de l'Assemblée Primaire, conformément à la Constitution.

Article 130.2
Il en est de même à défaut d'élection ou en cas de nullité des élections prononcées par le Conseil Électoral Permanent dans une ou plusieurs circonscriptions.

Article 130.3
Cependant, si la vacance se produit au cours de la dernière session ordinaire de la Législature ou après la session, il n'y a pas lieu à l'élection partielle.

Section E : Des incompatibilités

Article 131

Ne peuvent être élus membres du Corps législatif :
1) les concessionnaires ou cocontractants de l'État pour l'exploitation des services publics ;
2) les représentants ou mandataires des concessionnaires ou cocontractants de l'État, compagnies ou sociétés concessionnaires ou cocontractants de l'État ;
3) les délégués, vice-délégués, les juges, les officiers du Ministère Public dont les fonctions n'ont pas cessé six (6) mois avant la date fixée pour les élections ;
4) toute personne se trouvant dans les autres cas d'inéligibilité prévus par la présente Constitution et par la loi.

Article 132

Les membres du pouvoir exécutif et les directeurs généraux de l'administration publique ne peuvent être élus membres du Corps législatif s'ils ne démissionnent un (1) an au moins avant la date des élections.

Chapitre III
Du pouvoir exécutif

Article 133

Le pouvoir exécutif est exercé par : a) le Président de la République, Chef de l'État ; b) le Gouvernement ayant à sa tête un Premier Ministre.

Article 134.

Le Président de la République est élu au suffrage universel direct à la majorité absolue des votants, établie à partir des votes valides conformément à la loi électorale. Si cette majorité n'est pas obtenue au premier tour, il est procédé à un second tour. Seuls peuvent s'y présenter les deux (2) candidats qui, le cas échéant, après retrait de candidats plus favorisés, se trouvent avoir recueilli le plus grand nombre de voix au premier tour.

Article 134 bis.
A l'occasion des élections, le candidat à la Présidence le plus favorisé au premier tour n'ayant pas obtenu la majorité absolue est déclaré vainqueur dans le cas où son avance par rapport à son poursuivant immédiat est égale ou supérieure à vingt-cinq pour cent (25%).

Article 134.1
La durée du mandat présidentiel est de cinq (5) ans. Cette période commence et se terminera le 7 février suivant la date des élections.

Article 134.2
L'élection présidentielle a lieu le dernier dimanche d'octobre de la cinquième année du mandat présidentiel.

Le président élu entre en fonction le 7 février suivant la date de son élection. Au cas où le scrutin ne peut avoir lieu avant le 7 février, le président élu entre en fonction immédiatement après la validation du scrutin et son mandat est censé avoir commencé le 7 février de l'année de l'élection.

Article 134.3
Le Président de la République ne peut bénéficier de prolongation de mandat. Il ne peut assumer un nouveau mandat, qu'après un intervalle de cinq (5) ans. En aucun cas, il ne peut briguer un troisième mandat.

Article 135
Pour être élu Président de la République d'Haïti, il faut :
1. être Haïtien d'origine, n'avoir jamais renoncé à sa nationalité et ne détenir aucune autre nationalité au moment de l'inscription ;
2. être âgé de trente-cinq (35) ans accomplis au jour des élections ;
3. jouir de ses droits civils et politiques et n'avoir jamais été condamné à une peine afflictive et infamante pour crime de droit commun ;

4. être propriétaire en Haïti d'un immeuble au moins et avoir dans le pays une résidence habituelle ;

5. résider dans le pays depuis cinq (5) années consécutives avant la date des élections ;

6. avoir reçu décharge de sa gestion si on a été comptable des deniers publics.

Article 135.1

Avant d'entrer en fonction, le Président de la République prête devant l'Assemblée Nationale le serment suivant

« *Je jure, devant Dieu et devant la Nation, d'observer et de faire observer fidèlement la Constitution et les lois de la République, de respecter et de faire respecter les droits du peuple haïtien, de travailler à la grandeur de la Patrie, de maintenir l'indépendance nationale et l'intégrité du territoire.* »

Section B : Des attributions du Président de la République

Article 136
Le Président de la République, Chef de l'État, veille au respect et à l'exécution de la Constitution et à la stabilité des institutions. Il assure le fonctionnement régulier des pouvoirs publics ainsi que la continuité de l'État.

Article 137
Le Président de la République choisit un Premier Ministre parmi les membres du parti ayant la majorité absolue au Parlement. La majorité est établie sur la base des résultats électoraux des élus dans chacune des deux Chambres. A défaut de cette majorité, le Président de la République choisit son Premier Ministre en consultation avec le Président du Sénat et celui de la Chambre des députés.

Article 137.1

Le Président de la République met fin aux fonctions du Premier Ministre sur la présentation par celui-ci de la démission du Gouvernement.

Article 138

Le Président de la République est le garant de l'Indépendance Nationale et de l'Intégrité du Territoire.

Article 139

Il négocie et signe tous traités, conventions et accords internationaux et les soumet à la ratification de l'Assemblée Nationale.

Article 139.1

Il accrédite les Ambassadeurs et les Envoyés Extraordinaires auprès des puissances étrangères, reçoit les lettres de créance des Ambassadeurs des puissances étrangères et accorde l'exequatur aux Consuls.

Article 140
Il déclare la guerre, négocie et signe les traités de paix avec l'approbation de l'Assemblée Nationale.

Article 141
Le Président de la République nomme, après délibération en Conseil des Ministres, puis approbation du Sénat, le commandant en chef des Forces Armées d'Haïti, le commandant en chef de la Police Nationale, les Ambassadeurs et Consuls généraux et les conseils d'administration des organismes autonomes.

Article 142
Par arrêté pris en Conseil des Ministres, le Président de la République nomme les directeurs généraux de l'administration publique, les délégués et vice-délégués des départements et arrondissements. Il nomme également, après approbation du Sénat, les conseils d'administration des organismes autonomes

Article 143

Le Président de la République est le Chef nominal des Forces Armées, il ne les commande jamais en personne.

Article 144

Il fait sceller les lois du Sceau de la République et les promulgue dans les délais prescrits par la Constitution. Il peut avant l'expiration de ce délai, user de son droit d'objection.

Article 145

Il veille à l'exécution des décisions judiciaires, conformément à la loi.

Article 146

Le Président de la République a le droit de grâce et de commutation de peine relativement à toute condamnation passée en force de chose jugée, à l'exception des condamnations prononcées par la Haute Cour de Justice ainsi qu'il est prévu dans la présente Constitution.

Article 147

Il ne peut accorder amnistie qu'en matière politique et selon les prescriptions de la loi.

Article 148

Si le Président se trouve dans l'impossibilité temporaire d'exercer ses fonctions, le Conseil des Ministres sous la présidence du Premier Ministre, exerce le pouvoir exécutif tant que dure l'empêchement.

Article 149

En cas de vacance de la Présidence de la République soit par démission, destitution, décès ou en cas d'incapacité physique ou mentale permanente dûment constatée, le Conseil des Ministres, sous la présidence du Premier Ministre, exerce le Pouvoir Exécutif jusqu'à l'élection d'un autre Président.

Dans ce cas, le scrutin pour l'élection du nouveau Président de la République pour le temps qui reste à courir a lieu soixante (60) jours au moins et cent vingt (120) jours au plus après l'ouverture de la vacance, conformément à la Constitution et à la loi électorale.

Dans le cas où la vacance se produit à partir de la quatrième année du mandat présidentiel, l'Assemblée Nationale se réunit d'office dans les soixante (60) jours qui suivent la vacance pour élire un nouveau Président Provisoire de la République pour le temps qui reste à courir.

Article 149.1
Ce Président est réputé avoir complété un mandat présidentiel.

Article 149.2
Aucune procédure d'interpellation du Gouvernement ne peut être entamée durant les périodes d'empêchement temporaire du Président

de la République ou de vacance présidentielle. Dans le cas où une telle procédure aurait été entamée avant la période, elle est suspendue.

Article 150
Le Président de la République n'a d'autres pouvoirs que ceux que lui attribue la Constitution.

Article 151
A l'ouverture de la Première session législative annuelle, le Président de la République, par un message au Corps législatif, fait l'exposé général de la situation. Cet exposé ne donne lieu à aucun débat.

Article 152
Le Président de la République reçoit du Trésor public une indemnité mensuelle à partir de sa prestation de serment.

Article 153

Le Président de la République a sa résidence officielle au Palais National, à la capitale, sauf en cas de déplacement du siège du pouvoir exécutif.

Article 154

Le Président de la République préside le Conseil des Ministres.

Section C : Du Gouvernement

Article 155

Le Gouvernement se compose du Premier Ministre, des Ministres et des Secrétaires d'État. Le Premier Ministre est le Chef de Gouvernement.

Article 156

Le Gouvernement conduit la politique de la Nation. Il est responsable devant le Parlement dans les conditions prévues par la Constitution.

Article 157

Pour être nommé Premier Ministre, il faut :

1) être Haïtien d'origine et n'avoir pas renoncé à sa nationalité ;
2) être âgé de trente (30) ans accomplis ;
3) jouir de ses droits civils et politiques et n'avoir jamais été condamné à une peine afflictive et infamante ;
4) être propriétaire en Haïti ou y exercer une profession ;
5) résider dans le pays depuis cinq (5) années consécutives ;
6) avoir reçu décharge de sa gestion si on a été comptable des deniers publics.

Section D : Des attributions du Premier Ministre

Article 158

Le Premier Ministre en accord avec le Président choisit les membres de son Cabinet ministériel et se présente devant le Parlement afin d'obtenir un vote de confiance sur sa déclaration de politique générale. Le vote a lieu au scrutin public et à la majorité absolue de chacune des deux (2)

Chambres. Dans le cas d'un vote de non confiance par l'une des deux (2) Chambres, la procédure recommence.

Article 159

Le Premier Ministre fait exécuter les lois. En cas d'absence, d'empêchement temporaire du Président de la République ou sur sa demande, le Premier Ministre préside le Conseil des Ministres. Il a le pouvoir réglementaire, mais il ne peut jamais suspendre, ni interpréter les lois, actes et décrets, ni se dispenser de les exécuter.

Son pouvoir réglementaire s'exerce par Arrêté du Premier Ministre.

Article 159.1

De concert avec le Président de la République, il est responsable de la Défense Nationale.

Article 160

Le Premier Ministre nomme et révoque directement ou par délégation les fonctionnaires publics selon les conditions prévues par la

Constitution et par la loi sur le statut général de la Fonction Publique.

Article 161

Le Premier Ministre et les Ministres ont leurs entrées aux Chambres pour soutenir les projets de lois et les objections du Président de la République ainsi que pour répondre aux interpellations.

Article 162

Les actes du Premier Ministre sont contresignés, le cas échéant par les Ministres chargés de leur exécution. Le Premier Ministre peut être chargé d'un portefeuille ministériel.

Article 163

Le Premier Ministre et les Ministres sont responsables solidairement tant des actes du Président de la République qu'ils contresignent que de ceux de leurs ministères. Ils sont également responsables de l'exécution des lois, chacun en ce qui le concerne.

Article 164

La fonction de Premier Ministre et celle de membre du Gouvernement sont incompatibles avec tout mandat parlementaire. Dans un tel cas, le parlementaire opte pour l'une ou l'autre fonction.

Article 165

En cas de démission du Premier Ministre, le Gouvernement reste en place pour expédier les affaires courantes jusqu'à la prise de fonction de son successeur.

En cas d'incapacité permanente dûment constatée du Premier Ministre ou de son retrait du poste pour raisons personnelles, le Président choisit un Premier Ministre intérimaire parmi les membres du cabinet ministériel en attendant la formation d'un nouveau Gouvernement dans un délai ne dépassant pas trente (30) jours.

Section E : Des ministres et des secrétaires d'État

Article 166
Le Président de la République préside le Conseil des Ministres. Le nombre de ceux-ci ne peut être inférieur à dix (10). Le Premier Ministre quand il le juge nécessaire adjoindra aux Ministres, des Secrétaires d'État.

Article 167
La loi fixe le nombre des Ministères.

Article 168
La fonction ministérielle est incompatible avec l'exercice de tous autres emplois publics, sauf ceux de l'enseignement supérieur.

Article 169
Les Ministres sont responsables des actes du Premier Ministre qu'ils contresignent. Ils sont solidairement responsables de l'exécution des lois.

Article 169.1

En aucun cas, l'ordre écrit ou verbal du Président de la République ou du Premier Ministre ne peut soustraire les Ministres à la responsabilité attachée à leurs fonctions.

Article 170

Le Premier Ministre, les Ministres et les Secrétaires d'État reçoivent des indemnités mensuelles établies par la Loi Budgétaire.

Article 171

Les Ministres nomment certaines catégories d'agents de la Fonction Publique par délégation du Premier Ministre, selon les conditions fixées par la loi sur la Fonction Publique.

Article 172

Lorsque l'une des deux (2) Chambres, à l'occasion d'une interpellation met en cause la responsabilité d'un Ministre par un vote de censure pris à la majorité absolue de ses membres, l'Exécutif renvoie le Ministre.

Article 172.1

Pour être nommé Ministre, il faut :

1. être haïtien et administrer la preuve d'avoir répondu à l'ensemble de ses obligations en tant que citoyen fiscalement domicilié en Haïti, y posséder des biens immobiliers pouvant garantir et protéger l'État et ne détenir aucune autre nationalité au moment de la nomination ;
2. être âgé de trente (30) ans accomplis ;
3. jouir de ses droits civils et politiques et n'avoir jamais été condamné à une peine afflictive et infamante ;
4. avoir reçu décharge de sa gestion si on a été comptable des deniers publics.

Chapitre IV
Du pouvoir judiciaire

Article 173

Le pouvoir judiciaire est exercé par la Cour de Cassation, les Cours d'appel, les tribunaux de première instance, les tribunaux de paix et les tribunaux spéciaux dont le nombre, la composition, l'organisation, le fonctionnement et la juridiction sont fixés par la loi.

Article 173.1

Les contestations qui ont pour objet les droits civils sont exclusivement du ressort des tribunaux.

Article 173.2

Nul tribunal, nulle juridiction contentieuse ne peut être établie qu'en vertu de la loi. Il ne peut être créé de tribunal extraordinaire sous quelque dénomination que ce soit.

Article 174

Les juges de la Cour de Cassation et des Cours d'appel sont nommés pour dix (10) ans. Ceux des tribunaux de première instance le sont pour sept (7) ans. Leur mandat commence à courir à compter de leur prestation de serment.

Article 175

Les juges de la Cour de Cassation sont nommés par le Président de la République sur une liste de trois (3) personnes par siège soumise par le Sénat. Ceux des cours d'appel et des tribunaux de première instance le sont sur une liste soumise par l'Assemblée départementale concernée ; les juges de paix sur une liste préparée par les Assemblées communales.

Article 176

La loi règle les conditions exigibles pour être juge à tous les degrés. Une École de la Magistrature est créée.

Article 177

Les juges de la Cour de Cassation, ceux des Cours d'appel et des tribunaux de première instance sont inamovibles. Ils ne peuvent être destitués que pour forfaiture légalement prononcée ou suspendus qu'à la suite d'une inculpation. Ils ne peuvent être l'objet d'affectation nouvelle, sans leur consentement, même en cas de promotion. Il ne peut être mis fin à leur service durant leur mandat qu'en cas d'incapacité physique ou mentale permanente dûment constatée.

Article 178

La Cour de Cassation ne connaît pas du fond des affaires. Néanmoins, en toutes matières autres que celles soumises au Jury lorsque sur un second recours, même sur une exception, une affaire se présentera entre les mêmes parties, la Cour de Cassation admettant le pourvoi, ne prononcera point de renvoi et statuera sur le fond, sections réunies.

Article 178.1

Cependant, lorsqu'il s'agit de pourvoi contre les ordonnances de référé, les ordonnances du juge d'instruction, les arrêts d'appel rendus à l'occasion de ces ordonnances ou contre les sentences en dernier ressort des tribunaux de paix ou des décisions de tribunaux spéciaux, la Cour de Cassation admettant les recours statue sans renvoi.

Article 179

Les fonctions de juge sont incompatibles avec toutes autres fonctions salariées, sauf celle de l'enseignement.

Article 180

Les audiences des tribunaux sont publiques. Toutefois, elles peuvent être tenues à huis clos dans l'intérêt de l'ordre public et des bonnes mœurs, sur décision du tribunal.

Article 180.1
En matière de délit politique et de délit de presse, le huis clos ne peut être prononcé.

Article 181
Tout arrêt ou jugement est motivé et prononcé en audience publique.

Article 181.1
Les arrêts ou jugements sont rendus et exécutés au nom de la République. Ils portent le mandement exécutoire aux officiers du Ministère Public et aux agents de la Force publique. Les actes des notaires susceptibles d'exécution forcée sont mis dans la même forme.

Article 182
La Cour de Cassation se prononce sur les conflits d'attributions, d'après le mode réglé par la loi.

Article 182.1
Elle connaît des faits et du droit dans tous les cas de décisions rendues par les tribunaux militaires.

Article 183. *(abrogé)*
Article 183.1 *(abrogé)*

Article 183.2
Les tribunaux n'appliquent les arrêtés et règlements d'administration publique que pour autant qu'ils sont conformes aux lois.

Article 184
La loi détermine les compétences des Cours et des tribunaux, règle la façon de procéder devant eux.

Article 184.1
Elle prévoit également les sanctions disciplinaires à prendre contre les juges et les officiers du Ministère Public, à l'exception des juges de la Cour de Cassation qui sont justiciables de la Haute Cour de Justice pour forfaiture.

Article 184.2

L'administration et le contrôle du Pouvoir Judiciaire sont confiés à un Conseil Supérieur du Pouvoir Judiciaire qui exerce sur les magistrats un droit de surveillance et de discipline, et qui dispose d'un pouvoir général d'information et de recommandation sur l'état de la magistrature.

Les conditions d'organisation et de fonctionnement du Conseil Supérieur du Pouvoir Judiciaire sont fixées par la loi.

Chapitre V
De la Haute Cour de Justice

Article 185

Le Sénat peut s'ériger en Haute Cour de Justice. Les travaux de cette Cour sont dirigés par le Président du Sénat assisté du Président et du Vice-Président de la Cour de Cassation comme Vice-Président et

Secrétaire, respectivement, sauf si des juges de la Cour de Cassation ou des Officiers du Ministère Public près cette Cour sont impliqués dans l'accusation, auquel cas, le Président du Sénat se fera assister de deux (2) Sénateurs dont l'un sera désigné par l'inculpé et les Sénateurs sus-visés ont voix délibérative.

<u>Article 186</u>
La Chambre des Députés, à la majorité des deux tiers (2/3) de ses membres prononce la mise en accusation :
a) du Président de la République pour crime de haute trahison ou tout autre crime ou délit commis dans l'exercice de ses fonctions ;
b) du Premier Ministre, des Ministres et des Secrétaires d'État pour crimes de haute trahison et de malversations, ou d'excès de Pouvoir ou tous autres crimes ou délits commis dans l'exercice de leurs fonctions ;
c) des membres du Conseil Électoral Permanent et ceux de la Cour Supérieure des Comptes et du

Contentieux Administratif pour fautes graves commises dans l'exercice de leurs fonctions ;

d) des juges et officiers du Ministère Public près de la Cour de Cassation pour forfaiture ;

e) du Protecteur du citoyen.

Article 187

Les membres de la Haute Cour de Justice prêtent individuellement et à l'ouverture de l'audience le serment suivant

« *Je jure devant Dieu et devant la Nation de juger avec l'impartialité et la fermeté qui conviennent à un homme probe et libre, suivant ma conscience et mon intime conviction.* »

Article 188

La Haute Cour de Justice, au scrutin secret et à la majorité absolue, désigne parmi ses membres une Commission chargée de l'instruction.

Article 188.1

La décision, sous forme de décret, est rendue sur le rapport de la Commission d'instruction et à la majorité des deux tiers (2/3) des membres de la Haute Cour de Justice.

Article 189

La Haute Cour de Justice ne siège qu'à la majorité des deux tiers (2/3) de ses membres.

Article 189.1

Elle ne peut prononcer d'autre peine que la destitution, la déchéance et la privation du droit d'exercer toute fonction publique durant cinq (5) ans au moins et quinze (15) au plus.

Article 189.2

Toutefois, le condamné peut être traduit devant les tribunaux ordinaires, conformément à la loi, s'il y a lieu d'appliquer d'autres peines ou de statuer sur l'exercice de l'action civile.

Article 190

La Haute Cour de Justice, une fois saisie, doit siéger jusqu'au prononcé de la décision, sans tenir compte de la durée des Sessions du Corps législatif.

Titre VI
Des institutions indépendantes

Chapitre nouveau. Du Conseil constitutionnel.

Article 190 bis.

Le Conseil Constitutionnel est un organe chargé d'assurer la constitutionnalité des lois. Il est juge de la constitutionnalité de la loi, des règlements et des actes administratifs du Pouvoir Exécutif. Ses décisions ne sont susceptibles d'aucun recours.

Article 190 bis.1.

Le Conseil Constitutionnel est composé de neuf (9) membres, dont trois (3) sont désignés par le Pouvoir Exécutif, trois (3) par l'Assemblée

Nationale à la majorité des deux tiers (2/3) des membres de chacune des deux chambres, trois (3) par le Conseil Supérieur du Pouvoir Judiciaire.

Le Conseil Constitutionnel comprend :
a. trois magistrats ayant une expérience de dix (10) ans au moins, dont un (1) est désigné par le Pouvoir Exécutif, un (1) par l'Assemblée Nationale à la majorité des deux tiers (2/3) des membres de chacune des deux chambres, un (1) par le Conseil Supérieur du Pouvoir Judiciaire;
b. trois juristes de haut niveau, professeurs ou avocats ayant une expérience de dix (10) ans au moins, dont un (1) est désigné par le Pouvoir Exécutif, un (1) par l'Assemblée Nationale à la majorité des deux tiers (2/3) des membres de chacune des deux chambres, un (1) par le Conseil Supérieur du Pouvoir Judiciaire;
c. trois personnalités de grande réputation professionnelle ayant une expérience de dix (10) ans au moins, dont un (1) est désigné par le Pouvoir Exécutif, un (1) par l'Assemblée Nationale

à la majorité des deux tiers (2/3) des membres de chacune des deux chambres, un (1) par le Conseil Supérieur du Pouvoir Judiciaire.

Article 190 ter.

Le Président de la République procède à la nomination des membres du Conseil Constitutionnel par arrêté pris en Conseil des Ministres, conformément à l'article précédent.

Article 190 ter.1.

Pour être membre du Conseil Constitutionnel il faut :

1. être Haïtien d'origine et ne détenir aucune autre nationalité au moment de la nomination ;
2. être âgé de quarante (40) ans accomplis au jour de la nomination ;
3. Jouir de ses droits civils et politiques et n'avoir jamais été condamné à une peine afflictive et infamante pour crime de droit commun ;
4. être propriétaire d'un immeuble en Haïti ou y exercer une industrie ou une profession ;

5. Résider en Haïti depuis cinq (5) années consécutives avant la date de la nomination ;
6. avoir reçu décharge de sa gestion si on a été comptable des deniers publics ;
7. être de bonne moralité et de grande probité.

Article 190 ter.2.

La durée du mandat des membres du Conseil Constitutionnel est de neuf (9) ans et n'est pas renouvelable. Le Conseil Constitutionnel se renouvelle par tiers tous les trois (3) ans. Le Président du Conseil Constitutionnel est élu par ses pairs pour une durée de trois (3) ans. Il a voix prépondérante en cas de partage.

Article 190 ter.3.

En cas de vacance au Conseil Constitutionnel, l'autorité de désignation pourvoit au remplacement pour le temps qui reste à courir dans un délai de trois (3) mois.

Article 190 ter.4.

Les membres du Conseil Constitutionnel sont inamovibles pendant la durée de leur mandat. Ils ne peuvent être poursuivis ou arrêtés sans l'autorisation du Conseil Constitutionnel sauf en cas de flagrant délit.

Dans ce cas, le Président du Conseil Constitutionnel et le Président de la Cour de Cassation doivent être saisis immédiatement au plus tard dans les quarante huit (48) heures.

Article 190 ter.5.

Le Conseil Constitutionnel veille et statue lorsqu'il est saisi :

1. sur la constitutionnalité des lois organiques avant leur promulgation ;

2. sur la constitutionnalité des règlements intérieurs du Sénat et de la Chambre des Députés avant leur mise en application.

3. sur les arrêtés.

Aux mêmes fins, les lois en général peuvent être déférées au Conseil constitutionnel, avant leur promulgation, par le Président de la République, le Président du Sénat, le Président de la Chambre des Députés, un groupe de quinze (15) députés ou de dix sénateurs.

La loi détermine les modalités d'organisation et de fonctionnement du Conseil constitutionnel ainsi que les autres entités habilitées à la saisir.

Article 190 ter.6.
Le Conseil Constitutionnel doit statuer dans le délai d'un mois après avoir été saisi d'un texte de loi ordinaire. Ce délai est de quinze jours pour toute loi ou tout texte portant sur les droits fondamentaux et les libertés publiques. Toutefois, s'il y a urgence, à la demande du Gouvernement, du tiers du Sénat ou du tiers de la Chambre des Députés, ce délai est ramené à huit jours.

Dans ces mêmes cas, la saisine du Conseil Constitutionnel suspend le délai de promulgation.

Article 190 ter.7.

Le Conseil Constitutionnel est appelé à se prononcer sur les conflits qui opposent le Pouvoir Exécutif et le Pouvoir Législatif ou les deux branches du Pouvoir Législatif.

De même, il se prononce sur les conflits d'attribution entre les tribunaux administratifs, les tribunaux électoraux et les tribunaux judiciaires.

Article 190 ter.8.

Lorsqu'à l'occasion d'une instance en cours devant une juridiction, il est soulevé une exception d'inconstitutionnalité, le Conseil Constitutionnel peut en être saisi sur renvoi de la Cour de Cassation.

Si la disposition est déclarée inconstitutionnelle, le Conseil Constitutionnel la renvoie au Parlement qui statue souverainement sur le cas. La nouvelle disposition est promulguée.

Article 190 ter.9.
Une disposition déclarée inconstitutionnelle ne peut être promulguée ni mise en application.

Article 190 ter.10.
Une loi organique détermine l'organisation et le fonctionnement du Conseil Constitutionnel, la procédure suivie devant elle, notamment les délais pour la saisine des contestations de même que les immunités et le régime disciplinaire de ses membres.

Chapitre premier
Du Conseil électoral permanent

Article 191
Le Conseil électoral permanent est chargé d'organiser et de contrôler en toute indépendance,

toutes les opérations électorales sur tout le territoire de la République jusqu'à la proclamation des résultats du scrutin.

Article 191.1
Il élabore également le Projet de Loi électorale qu'il soumet au Pouvoir exécutif pour les suites nécessaires.

Article 191.2
Il s'assure de la tenue à jour des listes électorales.

Article 192.
Le Conseil Électoral Permanent comprend neuf (9) membres choisis comme suit :
1. trois (3) par le Pouvoir Exécutif;
2. trois (3) par la Conseil supérieur du Pouvoir Judiciaire ;
3. trois (3) par l'Assemblée Nationale avec une majorité de 2/3 de chacune des deux chambres.

Article 193

Pour être membre du Conseil Électoral Permanent, il faut :

1) être Haïtien d'origine ;
2) être âgé au moins de 40 ans révolus ;
3) jouir de ses droits civils et politiques et n'avoir jamais été condamné à une peine afflictive et infamante ;
4) avoir reçu décharge de sa gestion si on a été comptable de deniers publics ;
5) avoir résidé dans le pays au moins trois (3) ans avant sa nomination.

Article 194

Les membres du Conseil Électoral Permanent sont nommés pour une période de (9) neuf ans non renouvelable. Ils sont inamovibles.

Article 194.1

Le Conseil Électoral Permanent est renouvelable par tiers tous les (3) trois ans. Le Président est choisi parmi les membres.

Article 194.2

Avant d'entrer en fonction, les membres du Conseil Électoral Permanent prêteront le serment suivant devant la Cour de Cassation

« *Je jure de respecter la Constitution et les dispositions de la Loi électorale et de m'acquitter de ma tâche avec dignité, indépendance, impartialité et patriotisme.* »

Article 195

En cas de faute grave commise dans l'exercice de leur fonction, les membres du Conseil Électoral Permanent sont passibles de la Haute Cour de Justice.

Article 196

Les membres du Conseil électoral Permanent ne peuvent occuper aucune fonction publique, ni se porter candidat à une fonction élective pendant toute la durée de leur mandat.

En cas de démission, tout membre du Conseil doit attendre trois (3) ans avant de pouvoir briguer une fonction élective.

Article 197
Le Conseil Électoral Permanent est le Contentieux de toutes les contestations soulevées à l'occasion soit des élections, soit de l'application ou de la violation de la loi électorale, sous réserve de toute poursuite légale à entreprendre contre le ou les coupables par devant les tribunaux compétents.

Article 198
En cas de vacance créée par décès, démission ou toute autre cause, il est pourvu au remplacement du membre, suivant la procédure fixée par l'article 192 pour le temps qui reste à courir, compte tenu du Pouvoir qui avait désigné le membre à remplacer.

Article 199

La loi détermine les règles d'organisation et de fonctionnement du Conseil Électoral Permanent.

Chapitre II
De la Cour supérieure des comptes et du contentieux administratif

Article 200

La Cour Supérieure des Comptes et du Contentieux Administratif est une juridiction financière, administrative, indépendante et autonome. Elle est chargée du contrôle administratif et juridictionnel des recettes et des dépenses de l'État, de la vérification de la comptabilité des entreprises de l'État ainsi que de celles des collectivités territoriales.

Article 200.1

La Cour Supérieure des Comptes et du Contentieux Administratif connaît des litiges mettant en cause l'État et les Collectivités territoriales, l'administration et les fonctionnaires publics, les services publics et les administrés.

Article 200.2
Ses décisions ne sont susceptibles d'aucun recours sauf, de pourvoi en cassation.

Article 200.3
La Cour Supérieure des Comptes et du Contentieux Administratif comprend deux sections :
1) la section du Contrôle financier ;
2) la section du Contentieux administratif.

Article 200.4
La Cour Supérieure des Comptes et du Contentieux administratif participe à l'élaboration du Budget et est consultée sur toutes les questions relatives à la législation sur les Finances Publiques et sur tous les Projets de Contrats, Accords et Conventions à caractère financier et commercial auxquels l'État

est partie. Elle a le droit de réaliser les audits dans toutes administrations publiques.

Article 200.5
Pour être membre de la Cour Supérieure des Comptes et du Contentieux Administratif, il faut :
a) être haïtien et n'avoir jamais renoncé à sa Nationalité ;
b) être âgé de trente-cinq (35) ans accomplis ;
c) avoir reçu décharge de sa gestion lorsqu'on a été comptable des deniers publics ;
d) être licencié en droit ou être comptable agréé ou détenteur d'un diplôme d'Études Supérieures d'Administration Publique, d'Économie et de Finances publiques ;
e) avoir une expérience de (5) années dans une Administration publique ou privée ;
f) jouir de ses droits civils et politiques.

Article 200.6
Les candidats à cette fonction font directement le dépôt de leur candidature au Bureau du Sénat de la

République. Le Sénat élit les dix (10) membres de la Cour, qui parmi eux désignent leurs Président et Vice-Président.

Article 201

Ils sont investis d'un (1) mandat de dix (10) années et sont inamovibles.

Article 202

Avant d'entrer en fonction les membres de la Cour Supérieure des Comptes et du Contentieux Administratif prêtent devant une Section de la Cour de Cassation, le serment suivant:

« *Je jure de respecter la Constitution et les lois de la République, de remplir mes fonctions avec exactitude et loyauté et de me conduire en tout avec dignité.* »

Article 203

Les membres de la Cour Supérieure des Comptes et du Contentieux Administratif sont justiciables de la Haute Cour de Justice pour les fautes graves commises dans l'exercice de leur fonction.

Article 204

La Cour Supérieure des Comptes et du Contentieux Administratif fait parvenir chaque année au Corps législatif dans les trente (30) jours qui suivent l'ouverture de la Première Session législative, un rapport complet sur la situation financière du Pays et sur l'efficacité des dépenses publiques.

Article 205

L'organisation de la Cour susmentionnée, le statut de ses membres, son mode de fonctionnement sont établis par la loi.

Chapitre III
De la Commission de conciliation

Article 206 (abrogé)
Article 206.1 (abrogé)

Chapitre IV
De la protection du citoyen

Article 207
Il est créé un office dénommé Office de la protection du citoyen dont le but est de protéger tout individu contre toutes les formes d'abus de l'Administration Publique.

Article 207.1
L'Office est dirigé par un citoyen qui porte le titre de Protecteur du citoyen. Il est choisi par consensus entre le Président de la République, le Président du Sénat et le Président de la Chambre des députés. Il est investi d'un mandat de sept (7) ans, non renouvelable.

Article 207.2
Son intervention en faveur de tout plaignant se fait sans frais aucun, quelle que soit la juridiction.

Article 207.2bis.

Dans l'exercice de ses fonctions, il accordera une attention spéciale aux plaintes déposées par les femmes, particulièrement en ce qui a trait aux discriminations et aux agressions dont elles peuvent être victimes notamment dans leur travail.

Article 207.3

Une loi fixe les conditions et règlements de fonctionnement de l'Office du Protecteur du Citoyen.

Chapitre V
De l'Université - De l'Académie - De la Culture

Article 208

L'Enseignement Supérieur est libre. Il est dispensé par l'Université d'État d'Haïti qui est autonome et par des Écoles Supérieures Publiques et des Écoles Supérieures Privées agréées par l'État.

Article 209

L'État doit financer le fonctionnement et le développement de l'Université d'Haïti et des Écoles Supérieures publiques. Leur organisation et leur localisation doivent être envisagées dans une perspective de développement régional.

Article 210

La création de centres de recherches doit être encouragée.

Article 211

Il est créé un organisme public chargé de la régulation et du contrôle de qualité de l'enseignement supérieur et de la recherche scientifique sur tout le territoire. Cet organisme exerce son contrôle sur toutes les institutions publiques et non publiques travaillant dans ces deux domaines. Chaque année, il publie un rapport sur la qualité de la formation et établit une liste des institutions performantes. La loi détermine la dénomination, fixe le mode d'organisation et de fonctionnement de cet Organisme.

Article 211.1

Les Universités et Écoles supérieures Privées ou Publiques dispensent un Enseignement Académique et pratique adapté à l'évolution et aux besoins du développement national.

Article 212

Une Loi organique réglemente la création, la localisation et le fonctionnement des Universités et des Écoles Supérieures publiques et privées du pays.

Article 213

Une Académie haïtienne est instituée en vue de fixer la langue créole et de permettre son développement scientifique et harmonieux.

Article 213.1

D'autres académies peuvent être créées.

Article 214

Le titre de Membre de l'Académie est purement honorifique.

Article 214.1

La loi détermine le mode d'organisation et de fonctionnement des académies.

Article 215

Les richesses archéologiques, historiques, culturelles et folkloriques du Pays de même que les richesses architecturales, témoin de la grandeur de notre passé, font partie du Patrimoine National. En conséquence, les monuments, les ruines, les sites des grands faits d'armes de nos ancêtres, les centres réputés de nos croyances africaines et tous les vestiges du passé sont placées sous la protection de l'État.

Article 216

La loi détermine pour chaque domaine les conditions spéciales de cette protection.

Titre VII
Des finances publiques

Article 217

Les finances de la République comportent deux composantes : les finances nationales et les finances locales. Leur gestion respective est assurée par des organismes et mécanismes prévus à cet effet.

L'Exécutif est tenu de prévoir un mode de consultation des collectivités territoriales pour toute démarche intéressant les finances locales.

Article 218

Aucun impôt au profit de l'État ne peut être établi que par une loi. Aucune charge, aucune imposition soit départementale, soit municipale, soit de section communale, ne peut être établie qu'avec le consentement de ces collectivités territoriales.

Article 219
Il ne peut être établi de privilège en matière d'impôts.
Aucune exception, aucune augmentation, diminution ou suppression d'impôt ne peut être établie que par la Loi.

Article 220
Aucune pension, aucune gratification, aucune allocation, aucune subvention à la charge du Trésor Public, ne peut être accordée qu'en vertu d'une Loi.
L'indexation des pensions versées par l'État sera établie suivant le rythme de l'augmentation des émoluments des fonctionnaires de l'État.

Article 221

Le cumul des fonctions publiques salariées par l'État est formellement interdit, excepté pour celles de l'enseignement, sous réserve de dispositions particulières.

Article 222

Les procédures relatives à la préparation du Budget et à son Exécution sont déterminées par la Loi.

Article 223

L'exécution de la Loi de finances est régie par les lois sur le budget et la comptabilité publique et est assurée par les services prévus par la loi.

Le contrôle de l'exécution de la Loi des finances est assuré par le Parlement, la Cour Supérieure des Comptes et toutes autres institutions prévues par la loi.

Article 224

La Politique monétaire nationale est déterminée par la Banque Centrale conjointement avec le Ministère de l'Économie et des Finances.

Article 225

Un Organisme public autonome jouissant de la personnalité juridique et de l'autonomie financière remplit les fonctions de Banque Centrale. Son statut est déterminé par la loi.

Article 226

La Banque Centrale est investie du privilège exclusif d'émettre, avec force libératoire sur tout le Territoire de la République, des billets représentatifs de l'Unité Monétaire, la monnaie divisionnaire, selon le titre, le poids, la description, le chiffre et l'emploi fixés par la Loi.

Article 227

Le budget est voté par entité administrative suivant la classification établie par la loi.

Article 227.1 (abrogé)

Article 227.2
Les comptes généraux des recettes et des dépenses de la République sont gérés par le Ministre des Finances selon un mode de comptabilité établi par la Loi.

Article 227.3
Les Comptes Généraux et les Budgets prescrits par l'article précédent, accompagnés du rapport de la Cour Supérieure des Comptes et du Contentieux Administratif doivent être soumis aux Chambres Législatives par le Ministre chargé des Finances dans les délais établis par la loi.

Il en est de même du Bilan Annuel et des opérations de la Banque Centrale, ainsi que de tous autres comptes de l'État Haïtien.

Article 227.4

L'exercice administratif commence le premier Octobre de chaque année et finit le trente (30) Septembre de l'année suivante.

Article 228

Chaque année, le Pouvoir Législatif arrête :
a) le compte des recettes et des dépenses de l'État pour l'année écoulée ou les années précédentes ;
b) le Budget Général de l'État.

Article 228.1

Toutefois, aucune proposition, aucun amendement ne peut être introduit au Budget à l'occasion du vote de celui-ci sans la prévision correspondante des voies et moyens.

Article 228.2 (abrogé).

Article 229 (abrogé).

Article 230
L'examen et la liquidation des Comptes de l'Administration Générale et de tout comptable de deniers publics se font suivant le mode établi par la Loi.

Article 231
Au cas où les Chambres Législatives, pour quelque raison que ce soit, n'arrêtent pas à temps le Budget pour un ou plusieurs Départements Ministériels avant leur ajournement, le ou les Budgets des Départements intéressés restent en vigueur jusqu'au vote et adoption du nouveau Budget.

Article 231.1
Au cas où par la faute de l'Exécutif, le Budget de la République n'a pas été voté, le Président de la République convoque immédiatement les Chambres Législatives en Session Extraordinaire à seule fin de voter le Budget de l'État.

Article 232

Les Organismes, les Entreprises Autonomes et les Entités subventionnés par le Trésor Public en totalité ou en partie sont régis par des Budgets Spéciaux et des systèmes de traitements et salaires approuvés par le Pouvoir Exécutif.

Article 233

En vue d'exercer un contrôle sérieux et permanent des dépenses publiques, il est élu au scrutin secret, au début de chaque Session Ordinaire, une Commission Parlementaire de quinze (15) Membres dont neuf (9) Députés et six (6) Sénateurs chargés de rapporter sur la gestion des Ministres pour permettre aux deux (2) Assemblées de leur donner décharge.

Cette Commission peut s'adjoindre des spécialistes pour l'aider dans son contrôle.

Titre VIII
De la fonction publique

Article 234

L'Administration Publique Haïtienne est l'instrument par lequel l'État concrétise ses missions et objectifs. Pour garantir sa rentabilité, elle doit être gérée avec honnêteté et efficacité.

Article 234.1

L'Administration Publique Nationale est constituée de l'Administration d'État et de l'Administration des collectivités territoriales.

Article 235

Les Fonctionnaires et Employés sont exclusivement au service de l'État. Ils ont tenu à l'observation stricte des normes et éthique déterminées par la Loi sur la Fonction Publique.

Article 236

La Loi fixe l'organisation des diverses structures de l'Administration et précise leurs conditions de fonctionnement.

Article 236.1

La loi réglemente la Fonction Publique sur la base de l'aptitude, du mérite et de la discipline. Elle garantit la sécurité de l'emploi.

Article 236.2

La Fonction Publique est une carrière. Aucun fonctionnaire ne peut être engagé que par voie de concours ou autres conditions prescrites par la Constitution et par la loi, ni être révoqué que pour des causes spécifiquement déterminées par la Loi. Cette révocation doit être prononcée dans tous les cas par le Contentieux Administratif.

Article 237

Les Fonctionnaires de carrière n'appartiennent pas à un service public déterminé mais à la

Fonction Publique qui les met à la disposition des divers Organismes de l'État.

Article 238
Les Fonctionnaires indiqués par la Loi sont tenus de déclarer l'état de leur patrimoine au Greffe du Tribunal Civil dans les trente (30) jours qui suivent leur entrée en fonction. Le Commissaire du Gouvernement doit prendre toutes les mesures qu'il juge nécessaires pour vérifier l'exactitude de la déclaration.

Article 239
Les Fonctionnaires et Employés Publics peuvent s'associer pour défendre leurs droits dans les conditions prévues par la Loi.

Article 240
Les Fonctions ou Charges Politiques ne donnent pas ouverture à la carrière administrative, notamment les fonctions de Ministre et de Secrétaire d'État, d'officier du Ministère Public, de

Délégué et de Vice-Délégué, d'ambassadeur, de Secrétaire Privé du Président de la République, de Membre de Cabinet de Ministre, de Directeur Général de Département Ministériel ou d'Organisme Autonome, de Membres de Conseil d'administration.

Article 241
La Loi sanctionne les infractions contre le le fisc et l'enrichissement illicite. Les Fonctionnaires qui ont connaissance de tels faits ont pour devoir de les signaler à l'Autorité Compétente.

Article 242
L'enrichissement illicite peut être établi par tous les modes de preuves, notamment par présomption de la disproportion marquée entre les moyens du fonctionnaire acquis depuis son entrée en fonction et le montant accumulé du Traitement ou des Émoluments auxquels lui a donné droit la charge occupée.

Article 243

Le fonctionnaire coupable des délits sus-désignés ne peut bénéficier que de la prescription vicennale. Cette prescription ne commence à courir qu'à partir de la cessation de ses fonctions ou des causes qui auraient empêché toute poursuite.

Article 244

L'État a pour devoir d'éviter les grandes disparités d'appointements dans l'Administration Publique.

Titre IX
De l'Environnement - de l'Économie - de l'Agriculture

Chapitre premier
De l'économie - De l'agriculture

Article 245

La liberté économique est garantie tant qu'elle ne s'oppose pas à l'intérêt social.

L'État protège l'entreprise privée et vise à ce qu'elle se développe dans les conditions nécessaires à l'accroissement de la richesse nationale de manière à assurer la participation du plus grand nombre au bénéfice de cette richesse.

Article 246

L'État encourage en milieu rural et urbain, la formation de coopérative de production, la transformation de produits primaires et l'esprit d'entreprise en vue de promouvoir l'accumulation du Capital National pour assurer la permanence du développement.

Article 247

l'agriculture, source principale de la richesse nationale, est garante du bien-être des populations et du progrès socio-économique de la Nation.

Article 248

Il est créé un Organisme Spécial dénommé Institut national de la réforme agraire en vue d'organiser la refonte des structures foncières et mettre en œuvre une réforme agraire au bénéfice des réels exploitants de la terre. Cet Institut élabore une politique agraire axée sur l'optimisation de la productivité au moyen de la mise en place d'infrastructures visant la protection et l'aménagement de la terre.

Article 248.1

La Loi détermine la superficie minimale et maximale des unités de base des exploitations agricoles.

Article 249

L'État a pour obligation d'établir les structures nécessaires pour assurer la productivité maximale de la terre et la commercialisation interne des denrées. Des unités d'encadrement techniques et financières sont établies pour assister les agriculteurs au niveau de chaque Section communale.

Article 250
Aucun monopole ne peut être établi en faveur de l'État et des Collectivités Territoriales que dans l'intérêt exclusif de la Société. Ce monopole ne peut être cédé à un particulier.

Article 251
L'importation des denrées agricoles et de leurs dérivés produits en quantité suffisante sur le Territoire National est interdite sauf cas de force majeure.

Article 252
L'État peut prendre en charge le fonctionnement des entreprises de production de biens et services essentiels à la Communauté, aux fins d'en assurer la continuité dans le cas où l'existence de ces Établissements serait menacée. Ces Entreprises

seront groupées dans un système intégré de gestion.

Chapitre II
De l'environnement

Article 253

L'environnement étant le cadre naturel de vie de la population, les pratiques susceptibles de perturber l'équilibre écologique sont formellement interdites.

Article 253.1.

Tant que la couverture forestière reste en deçà de 10% du territoire national des mesures d'exception doivent être prises en vue de travailler au rétablissement de l'équilibre écologique.

Article 254

L'État organise la mise en valeur des sites naturels, en assure la protection et les rend accessibles à tous.

Article 255

Pour protéger les réserves forestières et élargir la couverture végétale, l'État encourage le développement des formes d'énergie propre : solaire, éolienne et autres.

Article 256

Dans le cadre de la protection de l'Environnement et de l'Éducation Publique, l'État a pour obligation de procéder à la création et à l'entretien de jardins botaniques et zoologiques en certains points du Territoire.

Article 256.1.

L'État peut, si la nécessité en est démontrée, déclarer une zone d'utilité écologique.

Article 257

La loi détermine les conditions de protection de la faune et de la flore. Elle sanctionne les contrevenants.

Article 258

Nul ne peut introduire dans le Pays des déchets ou résidus de provenances étrangères de quelque nature que ce soit.

Titre X
De la famille

Article 259

L'État protège la Famille, base fondamentale de la Société.

Article 260

Il doit une égale protection à toutes les Familles qu'elles soient constituées ou non dans les liens du mariage. Il doit procurer aide et assistance à la maternité, à l'enfance et à la vieillesse.

Article 261

La Loi assure la protection à tous les enfants. Tout enfant a droit à l'amour, à l'affection, à la compréhension et aux soins moraux et matériels de son père et de sa mère.

Article 262
Un Code de la Famille doit être élaboré en vue d'assurer la protection et le respect des droits de la Famille et de définir les formes de la recherche de la paternité. Les Tribunaux et autres Organismes de l'État chargés de la protection de ces droits doivent être accessibles gratuitement au niveau de la plus petite Collectivité Territoriale.

Titre XI
De la force publique

Article 263
La Force Publique se compose de deux (2) Corps distincts :
a) les Forces Armées d'Haïti ;
b) la Police nationale d'Haïti

Article 263.1

Aucun autre Corps Armé ne peut exister sur le Territoire National.

Article 263.2

Tout Membre de la Force Publique prête lors de son engagement, le serment d'allégeance et de respect à la Constitution et au drapeau.

Chapitre premier
Des forces armées

Article 264

Les Forces Armées d'Haïti comprennent les Forces de Terre, de Mer, de l'Air et les Services Techniques.

Les Forces Armées d'Haïti sont constituées pour garantir la défense et l'intégrité du Territoire de la République.

Article 264.1

Les Forces Armées d'Haïti sont commandées effectivement par un Officier Général ayant pour titre Commandant En Chef.

Article 264.2

Le Commandant en Chef des Forces Armées d'Haïti, conformément à la Constitution, est choisi parmi les Officiers Généraux en activité de Service.

Article 264.3

Son mandat est fixé à trois (3) ans. Il est renouvelable.

Article 265

Les Forces Armées d'Haïti sont apolitiques. Leurs membres ne peuvent faire partie d'un groupement ou d'un parti politique et doivent observer la plus stricte neutralité.

Article 265.1

Les Membres des Forces Armées exercent leur droit de vote conformément à la Constitution.

Article 266

Les Forces Armées d'Haïti ont pour attributions :
a) Défendre le Pays en cas de guerre ;
b) Protéger le Pays contre les menaces venant de l'extérieur ;
c) Assurer la surveillance des frontières terrestres, maritimes et aériennes ;
d) Prêter main forte sur requête motivée de l'Exécutif, à la Police au cas où cette dernière ne peut répondre à sa tâche ;
e) Aider la nation en cas de désastre naturel ;
f) Outre les attributions qui lui sont propres, les Forces Armées d'Haïti peuvent être affectées à des tâches de développement.

Article 267

Les Militaires en activité de Service ne peuvent être nommés à aucune Fonction Publique, sauf de façon temporaire pour exercer une spécialité.

Article 267.1

Tout militaire en activité de service, pour se porter candidat à une fonction élective, doit obtenir sa mise à la retraite ou sa démission deux (2) ans avant les élections.

Article 267.2

La carrière militaire est une profession. Elle est hiérarchisée. Les conditions d'engagement, les grades, promotions, révocations, mises à la retraite, sont déterminées par les règlements des Forces Armées d'Haïti.

Article 267.3

Le Militaire n'est justiciable d'une Cour Militaire que pour les délits et crimes commis au temps de guerre ou pour les infractions relevant de la discipline militaire.

Article 267.4

Le Militaire conserve toute sa vie, le dernier grade obtenu dans les Forces Armées d'Haïti. Il ne peut en être privé que par décision du Tribunal Compétent passée en force de chose souverainement jugée.

Article 267.5

L'État doit accorder aux Militaires de tous grades des prestations garantissant pleinement leur sécurité matérielle.

Article 268

Dans le cadre d'un Service National Civique mixte obligatoire, prévu par la Constitution à l'article 52-3, les Forces Armées participent à l'organisation et à la supervision de ce service.

Le Service Militaire est obligatoire pour tous les Haïtiens âgés au moins de dix-huit (18) ans.

La loi fixe le mode de recrutement, la durée et les règles de fonctionnement de ces services.

Article 268.1
Tout citoyen a droit à l'auto-défense armée, dans les limites de son domicile mais n'a pas droit au port d'armes sans l'autorisation expresse et motivée du Chef de la Police.

Article 268.2
La détention d'une arme à feu doit être déclarée à la Police.

Article 268.3
Les Forces Armées ont le monopole de la fabrication, de l'importation, de l'exportation, de l'utilisation et de la détention des armes de guerre et de leurs munitions, ainsi que du matériel de guerre.

Chapitre II
Des forces de police

Article 269

La Police est un Corps Armé. Son fonctionnement relève du Ministère de la Justice.

Article 269.1

Elle est créée pour la garantie de l'ordre public et la protection de la vie et des biens des citoyens. Son organisation et son mode de fonctionnement sont réglés par la Loi.

Article 270

Le Commandant en Chef des Forces de Police est nommé, conformément à la Constitution, pour un mandat de trois (3) ans renouvelable.

Article 271

Il est créé une (1) Académie et une (1) École de Police dont l'organisation et le fonctionnement sont fixés par la Loi.

Article 272

Des Sections spécialisées notamment l'Administration Pénitentiaire, le Service des Pompiers, le Service de la Circulation, la Police Routière, les Recherches Criminelles, le Service Narcotique et Anti-contrebande sont créés par la Loi régissant l'Organisation, le Fonctionnement et la Localisation des Forces de Police.

Article 273

La Police en tant qu'auxiliaire de la Justice, recherche les contraventions, les délits et crimes commis en vue de la découverte et de l'arrestation de leurs auteurs.

Article 274

Les Agents de la Force Publique dans l'exercice de leurs fonctions sont soumis à la responsabilité civile et pénale dans les formes et conditions prévues par la Constitution et par la Loi.

Titre XII
Dispositions générales

Article 275

Le chômage de l'Administration Publique et Privée et du Commerce sera observé à l'occasion des Fêtes nationales et des Fêtes légales.

Article 275.1

Les Fêtes nationales sont :
1) La Fête de l'Indépendance Nationale : le Premier Janvier ;
2) Le Jour des Aïeux : le 2 Janvier ;
3) La Fête de l'Agriculture et du Travail : le Premier Mai ;
4) La Fête du Drapeau et de l'Université : le 18 mai ;
5) La Commémoration de la Bataille de Vertières, Jour des Forces armées : le 18 novembre.

Article 275.2

Les Fêtes légales sont déterminées par la Loi.

Article 276

L'Assemblée Nationale ne peut ratifier aucun Traité, Convention ou Accord Internationaux comportant des clauses contraires à la présente Constitution.

Article 276.1

La ratification des Traités, des Conventions et des Accords Internationaux est donnée sous forme de Décret.

Article 276.2

Les Traités ou Accord Internationaux, une fois sanctionnés et ratifiés dans les formes prévues par la Constitution, font partie de la Législation du Pays et abrogent toutes les Lois qui leur sont contraires.

Article 277

L'État Haïtien peut intégrer une Communauté Économique d'État dans la mesure où l'Accord d'Association stimule le développement économique et social de la République d'Haïti et ne comporte aucune clause contraire à la présente Constitution.

Article 278
Aucune place, aucune partie du Territoire ne peut être déclarée en état de siège qu'en cas de guerre civile ou d'invasion de la part d'une force étrangère.

Article 278.1
L'acte du Président de la République déclaratif d'état de siège, doit être contresigné par le Premier Ministre, par tous les Ministres et porter convocation immédiate de l'Assemblée Nationale appelée à se prononcer sur l'opportunité de la mesure.

Article 278.2
L'Assemblée Nationale arrête avec le Pouvoir Exécutif, les Garanties Constitutionnelles qui

peuvent être suspendues dans les parties du Territoire mises en état de siège.

Article 278.3
L'État de siège devient caduc s'il n'est pas renouvelé tous les quinze (15) jours après son entrée en vigueur par un vote de l'Assemblée Nationale.

Article 278.4
L'Assemblée Nationale siège pendant toute la durée de l'État de siège.

Article 279
Trente (30) jours après son élection, le Président de la République doit déposer au greffe du Tribunal de Première Instance de son domicile, l'inventaire notarié de tous ses biens, meubles et immeubles, il en sera de même à la fin de son mandat.

Article 279.1

Le Premier Ministre, les Ministres et Secrétaires d'État sont astreints à la même obligation dans les trente (30) jours de leur installation et de leur sortie de fonction.

Article 280

Aucun frais, aucune indemnité généralement quelconque n'est accordé aux Membres des Grands Corps de l'État à titre des tâches spéciales qui leur sont attribuées.

Article 281

A l'occasion des consultations nationales, l'État prend en charge proportionnellement un nombre de suffrages obtenus une partie des frais encourus durant les campagnes électorales.

Article 281.1

Ne sont éligibles à de telles facilités que les partis qui auront au niveau national obtenu dix pour cent

(10%) des suffrages exprimés avec un plancher départemental de suffrage de cinq pour cent (5%).

Titre XIII
Amendements à la Constitution

Article 282

Le Pouvoir Législatif, sur la proposition de l'une des deux (2) Chambres ou du Pouvoir Exécutif, a le droit de déclarer qu'il y a lieu d'amender la Constitution, avec motifs à l'appui.

Article 282.1

Cette déclaration doit réunir l'adhésion des deux (2/3) de chacune des deux (2) Chambres. Elle ne peut être faite qu'au cours de la dernière Session Ordinaire d'une Législature et est publiée immédiatement sur toute l'étendue du Territoire.

Article 283

A la première Session de la Législature suivante, les Chambres se réunissent en Assemblée Nationale et statuent sur l'amendement proposé.

Article 284

L'Assemblée Nationale ne peut siéger, ni délibérer sur l'amendement si les deux (2/3) tiers au moins des Membres de chacune des deux (2) Chambres ne sont présents.

Article 284.1

Aucune décision de l'Assemblée Nationale ne peut être adoptée qu'à la majorité des deux (2/3) tiers des suffrages exprimés.

Article 284.2

L'amendement obtenu ne peut entrer en vigueur qu'après l'installation du prochain Président élu. En aucun cas, le Président sous le gouvernement de qui l'amendement a eu lieu ne peut bénéficier des avantages qui en découlent.

Article 284.3

Toute Consultation populaire tendant à modifier la Constitution par voie de Référendum est formellement interdite.

Article 284.4

Aucun amendement à la Constitution ne doit porter atteinte au caractère démocratique et républicain de l'État.

Titre XIV
Des dispositions transitoires

Article 285 (abrogé).

Article 285.1 (abrogé).

Article 286 (abrogé).

Article 287 (abrogé).

Article 288 (abrogé).

Article 289

En attendant l'établissement du Conseil Électoral Permanent prévu dans la Présente Constitution, le Conseil Électoral Provisoire de neuf (9) Membres, chargé de l'exécution et de l'élaboration de la Loi Électorale devant régir les prochaines élections et désigné de la façon suivante :

1) Un par l'Exécutif, non fonctionnaire ;
2) Un par la Conférence Épiscopale ;
3) Un par le Conseil Consultatif ;
4) Un par la Cour de Cassation ;
5) Un par les organismes de Défense des Droits Humains ne participant pas aux compétitions électorales ;
6) Un par le Conseil de l'Université ;
7) Un par l'Association des Journalistes ;
8) Un par les Cultes Réformés ;
9) Un par le Conseil National des Coopératives.

Article 289.1
Dans la quinzaine qui suivra la ratification de la présente Constitution, les Corps ou Organisations concernés font parvenir à l'Exécutif le nom de leur représentant.

Article 289.2
En cas d'abstention d'un Corps ou organisation susvisé, l'Exécutif comble la ou les vacances.

Article 289.3
La mission de ce Conseil Électoral Provisoire prend fin dès l'entrée en fonction du Président élu.

Article 290
Les membres du Premier Conseil Électoral Permanent se départagent par tirage au sort les mandats de neuf (9), six (6) et trois (3) ans, prévus pour le renouvellement par tiers (1/3) du Conseil.

Article 291
abrogé

Article 292.
abrogé.

Article 293.
abrogé

Article 293.1.
abrogé

Article 294.
abrogé

Article 295.
abrogé

Article 295.1.

Lors de la première composition du Conseil Constitutionnel, les trois premiers membres nommés sur la liste du Pouvoir Exécutif, de l'Assemblée Nationale, du Conseil Supérieur, du Pouvoir Judiciaire le seront pour neuf (9) ans, les deuxièmes pour six (6) ans et les trois autres pour trois (3) ans.

Titre XV
Dispositions finales

Article 296

Tous les Codes de Lois ou Manuels de justice, tous les décrets-lois et et tous les Décrets et Arrêtés actuellement en vigueur sont maintenus en tout ce qui n'est pas contraire à la présente Constitution.

Article 297
Abrogé

Article 298

La présente Constitution doit être publiée dans la quinzaine de sa ratification par voie référendaire. Elle entre en vigueur dès sa publication au Moniteur, Journal Officiel de la République.

Loi constitutionnelle portant amendement de la Constitution du 29 mars 1987, votée et adoptée par l'Assemblée Nationale constituante le 9 mai 2011;

promulguée et publiée au Journal Officiel, *Le Moniteur*, n°58, Extraordinaire, 19 juin 2012.

Michel Joseph Martelly
Président de la République

Constitution du 29 mars 1987, version initiale.

Préambule

Titre I : De la République d'Haïti - Son Emblème - Ses Symboles

Chapitre I : De la République d'Haïti

Chapitre II : Du Territoire de la République d'Haïti

Titre II : De la Nationalité Haïtienne

Titre III : Du Citoyen - Des Droits et Devoirs Fondamentaux

Chapitre I : De la Qualité du Citoyen

Chapitre II : Des Droits Fondamentaux

Chapitre III : Des Devoir du Citoyen

Titre IV : Des Étrangers

Titre V : De la Souveraineté Nationale

Chapitre I : Des collectivités territoriales et de la décentralisation

Chapitre II : Du pouvoir législatif

Chapitre III : Du pouvoir exécutif
Chapitre IV : Du pouvoir judiciaire
Chapitre V : De la Haute Cour de Justice
Titre VI : Des Institutions Indépendantes
Chapitre I : Du Conseil Électoral Permanent
Chapitre II : De la Cour Supérieure Des Comptes et du Contentieux
Chapitre III : De la Commission de Conciliation
Chapitre IV : De la Protection du Citoyen
Chapitre V : De l'Université - de l'Académie - de la Culture
Titre VII : Des Finances Publiques
Titre VIII : De la Fonction Publique
Titre IX : De l'Environnement - de l'Économie - de l'Agriculture
Chapitre I : De l'Économie - De l' Agriculture
Chapitre II : De l'Environnement
Titre X : De La Famille
Titre XI : De la Force Publique
Chapitre I : Des Forces Armées
Chapitre II : Des Forces de Police
Titre XII : Dispositions Générales

Titre XIII : Amendements à la Constitution
Titre XIV : Des Dispositions Transitoires
Titre XV : Dispositions Finales

<u>Préambule</u>

Le Peuple Haïtien proclame la présente Constitution :

Pour garantir ses droits inaliénables et imprescriptibles à la vie, à la liberté et à la poursuite du bonheur ; conformément à son Acte d'indépendance de 1804 et à la Déclaration universelle des Droits de l'Homme de 1948.

Pour constituer une nation haïtienne socialement juste, économiquement libre et politiquement indépendante.

Pour rétablir un État stable et fort, capable de protéger les valeurs, les traditions, la souveraineté, l'indépendance et la vision nationale.

Pour implanter la démocratie qui implique le pluralisme idéologique et l'alternance politique et affirmer les droits inviolables du Peuple Haïtien.

Pour fortifier l'unité nationale, en éliminant toutes discriminations entre les populations des villes et des campagnes, par l'acceptation de la communauté de langues et de culture et par la reconnaissance du droit au progrès, à l'information, à l'éducation, à la santé, au travail et au loisir pour tous les citoyens.

Pour assurer la séparation, et la répartition harmonieuse des Pouvoirs de l'État au service des intérêts fondamentaux et prioritaires de la Nation.

Pour instaurer un régime gouvernemental basé sur les libertés fondamentales et le respect des droits humains, la paix sociale, l'équité économique, la concertation et la participation de toute la population aux grandes décisions engageant la vie nationale, par une décentralisation effective.

Titre premier
De la République d'Haïti
Son emblème - Ses symboles

Chapitre premier
De la République d'Haïti

Article premier

Haïti est une République, indivisible, souveraine, indépendante, coopératiste, libre, démocratique et sociale.

Article 1.1

La ville de Port-au-Prince est sa Capitale et le siège de son Gouvernement. Ce siège peut être déplacé en cas de force majeure.

Article 2

Les couleurs nationales sont le bleu et le rouge.

Article 3

L'emblème de la Nation Haïtienne est le Drapeau qui répond à la description suivante :

a) Deux (2) bandes d'étoffe d'égales dimensions l'une bleue en haut, l'autre rouge en bas, placées horizontalement ;

b) Au centre, sur un carré d'étoffe blanche, sont disposées les Armes de la République ;

c) Les Armes de la République sont Le Palmiste surmonté du Bonnet de la Liberté et, ombrageant des ses Palmes, un Trophée d'Armes avec la Légende : L'Union fait la Force.

Article 4

La devise nationale est : Liberté - Égalité - Fraternité.

Article 4.1

L'Hymne National est : La Dessalinienne.

Article 5

Tous les Haïtiens sont unis par une langue commune le Créole.

Le Créole et le Français sont les langues officielles de la République.

Article 6

L'Unité monétaire nationale est La gourde. Elle est divisée en centimes.

Article 7

Le culte de la personnalité est formellement interdit. Les effigies, les noms de personnages vivants ne peuvent figurer sur la monnaie, les timbres, les vignettes. Il en est de même pour les bâtiments publics, les rues et les ouvrages d'art.

Article 7.1

L'utilisation d'effigie de personne décédée doit obtenir l'approbation de l'Assemblée nationale.

Chapitre II
Du territoire de la République d'Haïti

Article 8

Le territoire de la République d'Haïti comprend :

a) La partie occidentale de l'île d'Haïti ainsi que les îles adjacentes : la Gonâve, La Tortue, l'île à Vache, les Cayemites, La Navase, La Grande Caye et les autres îles de la Mer Territoriale ; Il est limité à l'Est par la République Dominicaine, au Nord par l'Océan Atlantique, au Sud et à l'Ouest par la mer des Caraïbes ou mer des Antilles.

b) La mer territoriale et la zone économique exclusive ;

c) Le milieu aérien surplombant la partie Terrestre et Maritime.

Article 8.1

Le territoire de la République d'Haïti est inviolable et ne peut-être aliéné ni en tout, ni en partie par aucun Traité ou Convention..

Article 9

Le territoire de la République est divisé et subdivisé en Départements, Arrondissements, Communes, Quartiers et Sections Communales.

Article 9.1

La Loi détermine le nombre, les limites de ces divisions et subdivisions et en règle l'organisation et le fonctionnement.

Titre II
De la nationalité haïtienne

Article 10

Les règles relatives à la Nationalité Haïtienne sont déterminées par la Loi.

Article 11

Possède la Nationalité haïtienne d'origine, tout individu né d'un père haïtien ou d'une mère haïtienne qui eux-mêmes sont nés Haïtiens et n'avaient jamais renoncé à leur nationalité au moment de la naissance.

Article 12

La Nationalité Haïtienne peut être acquise par la naturalisation.

Article 12.1

Tout étranger après cinq (5) ans de résidence continue sur le territoire de la République peut obtenir la nationalité haïtienne par naturalisation, en se conformant aux règles établies par la Loi.

Article 12.2

Les Haïtiens par naturalisation sont admis à exercer leur de vote, mais ils doivent attendre cinq (5) ans après la date de leur naturalisation pour être éligible ou occuper des fonctions publiques autres que celles réservées par la Constitution et par la Loi aux haïtiens d'origine.

Article 13

La Nationalité haïtienne se perd par :

a) La Naturalisation acquise en Pays étranger ;

b) L'occupation d'un poste politique au service d'un Gouvernement étranger ;

c) La résidence continue à l'étranger pendant trois (3) ans d'un individu étranger naturalisé haïtien sans une autorisation régulièrement accordée par l'autorité compétente. Quiconque perd ainsi la nationalité haïtienne, ne peut pas la recouvrer.

Article 14

L'Haïtien naturalisé en pays étranger peut recouvrer sa Nationalité haïtienne, en remplissant toutes les conditions et formalités imposées à l'étranger par la loi.

Article 15

La double nationalité haïtienne et étrangère n'est admise dans aucun cas.

Titre III
Du citoyen
Des droits et devoirs fondamentaux

Chapitre premier
De la qualité de citoyen

Article 16

La réunion des droits civils et politiques constitue la qualité du citoyen.

Article 16.1

La jouissance, l'exercice, la suspension et la perte de ces droits sont réglés par la loi.

Article 16.2

L'âge de la majorité est fixé à dix-huit (18) ans.

Article 17

Les Haïtiens sans distinction de sexe et d'état civil, âgés de dix-huit (18) ans accomplis, peuvent exercer leurs droits civils et politiques s'ils réunissent les autres conditions prévues par la Constitution et par la loi.

Article 18

Les Haïtiens sont égaux devant la loi sous la réserve des avantages conférés aux Haïtiens d'origine qui n'ont jamais renoncé à leur nationalité.

Chapitre II
Des droits fondamentaux
Section A : Droit à la vie et à la santé

Article 19

L'État a l'impérieuse obligation de garantir le droit à la vie, à la santé, au respect de la personne humaine, à tous les citoyens sans distinction, conformément à la Déclaration universelle des Droits de l'Homme.

Article 20

La peine de mort est abolie en toute matière.

Article 21

Le crime de haute trahison consiste à porter les armes dans une armée étrangère contre la République, à servir une nation étrangère contre la République, dans le fait par tout fonctionnaire de voler les biens de l'État confiés à sa gestion ou toute violation de la Constitution par ceux chargés de la faire respecter.

Article 21.1

Le crime de haute trahison est puni de la peine des travaux forcés à perpétuité sans commutation de peine.

Article 22

L'État reconnaît le droit de tout citoyen à un logement décent, à l'éducation, à l'alimentation et à la sécurité sociale.

Article 23

L'État est astreint à l'obligation d'assurer à tous les citoyens dans toutes les collectivités territoriales les moyens appropriés pour garantir la protection, le maintien et le rétablissement de leur santé par la création d'hôpitaux, de centres de santé et de dispensaires.

Section B : De la liberté individuelle

Article 24
La liberté individuelle est garantie et protégée par l'État.

Article 24.1
Nul ne peut être poursuivi, arrêté ou détenu que dans les cas déterminés par la loi et selon les formes qu'elle prescrit.

Article 24.2
L'arrestation et la détention, sauf en cas de flagrant délit, n'auront lieu que sur un mandat écrit d'un fonctionnaire légalement compétent.

Article 24.3

Pour que ce mandat puisse être exécuté, il faut :

a) Qu'il exprime formellement en créole et en français le ou les motifs de l'arrestation ou de la détention et la disposition de loi qui punit le fait imputé ;

b) Qu'il soit notifié et qu'il en soit laissé copie au moment de l'exécution à la personne prévenue ;

c) Qu'il soit notifié au prévenu de son droit de se faire assister d'un avocat à toutes les phases de l'instruction de l'affaire jusqu'au jugement définitif ;

d) Sauf le cas de flagrant délit, aucune arrestation sur mandat, aucune perquisition ne peut se faire entre six (6) heures du soir et six (6) heures du matin ;

e) La responsabilité est personnelle. Nul ne peut être arrêté à la place d'un autre.

Article 25

Toute rigueur ou contrainte qui n'est pas nécessaire pour appréhender une personne ou la maintenir en détention, toute pression morale ou brutalité physique notamment pendant l'interrogatoire sont interdites.

Article 25.1
Nul ne peut être interrogé en l'absence de son avocat ou d'un témoin de son choix.

Article 26
Nul ne peut être maintenu en détention s'il n'a comparu dans les quarante- huit (48) heures qui suivent son arrestation, par devant un juge appelé à statuer sur la légalité de l'arrestation et si ce juge n'a confirmé la détention par décision motivée.

Article 26.1
En cas de contravention, l'inculpé est déféré par devant le juge de paix qui statue définitivement.
En cas de délit ou de crime, le prévenu peut, sans permission préalable et sur simple mémoire, se pourvoir devant le doyen du tribunal de première instance du ressort qui, sur les conclusions du

Ministère Public, statue à l'extraordinaire, audience tenante, sans remise ni tour de rôle, toutes affaires cessantes sur la légalité de l'arrestation et de la détention.

Article 26.2
Si l'arrestation est jugée illégale, le Juge ordonne la libération immédiate du détenu et cette décision est exécutoire sur minute nonobstant appel, pourvoi en cassation ou défense d'exécuter.

Article 27
Toutes violations des dispositions relatives à la liberté individuelle sont des actes arbitraires. Les personnes lésées peuvent, sans autorisation préalable, se référer aux tribunaux compétents pour poursuivre les auteurs et les exécuteurs de ces actes arbitraires quelles que soient leurs qualités et à quelque Corps qu'ils appartiennent.

Article 27.1

Les fonctionnaires et les employés de l'État sont directement responsables selon les lois pénales, civiles et administratives des actes accomplis en violation de droits. Dans ces cas, la responsabilité civile s'étend aussi à l'État.

Section C : De la liberté d'expression

Article 28

Tout Haïtien a le droit d'exprimer librement ses opinions, en toute matière par la voie qu'il choisit.

Article 28.1

Le journaliste exerce librement sa profession dans le cadre de la loi. Cet exercice ne peut être soumis à aucune autorisation, ni censure sauf en cas de guerre.

Article 28.2

Le journaliste ne peut être forcé de révéler ses sources. Il a toutefois pour devoir de vérifier l'authenticité et l'exactitude des informations. Il est également tenu de respecter l'éthique professionnelle.

Article 28.3
Tout délit de presse ainsi que les abus du droit d'expression relèvent du Code pénal.

Article 29
Le droit de pétition est reconnu. Il est exercé personnellement par un ou plusieurs citoyens mais jamais au nom d'un Corps.

Article 29.1
Toute pétition adressée au Pouvoir Législatif doit donner lieu à procédure réglementaire permettant de statuer sur son objet.

Section D : De la liberté de conscience
Article 30
Toutes les religions et tous les cultes sont libres. Toute personne a le droit de professer sa religion

et son culte, pourvu que l'exercice de ce droit ne trouble pas l'ordre et la paix publics.

Article 30.1
Nul ne peut être contraint à faire partie d'une association ou à suivre un enseignement religieux contraire à ses convictions.

Article 30.2
La loi établit les conditions de reconnaissance et de fonctionnement des religions et des cultes.

Section E : De la liberté de réunion et d'association

Article 31
La liberté d'association et de réunion sans armes à des fins politiques, économiques, sociales, culturelles ou à toutes autres fins pacifiques est garantie.

Article 31.1

Les partis et groupements politiques concourent à l'expression du suffrage. Ils se forment et exercent leur activité librement. Ils doivent respecter les principes de la souveraineté nationale et de la démocratie. La loi détermine leurs conditions de reconnaissance et de fonctionnement, les avantages et privilèges qui leur sont réservés.

Article 31.2

Les réunions sur la voie publique sont sujettes à notification préalable aux autorités de police.

Article 31.3

Nul ne peut être contraint de s'affilier à une association, quel qu'en soit le caractère.

Section F : De l'éducation et de l'enseignement

Article 32

L'État garantit le droit à l'éducation. Il veille à la formation physique, intellectuelle, morale, professionnelle, sociale et civique de la population.

Article 32.1

L'éducation est une charge de l'État et des collectivités territoriales. Ils doivent mettre l'école gratuitement à la portée de tous, veiller au niveau de formation des Enseignements des secteurs public et privé.

Article 32.2

La première charge de l'État et des collectivités territoriales est la scolarisation massive, seule capable de permettre le développement du pays. L'État encourage et facilite l'initiative privée en ce domaine.

Article 32.3

L'enseignement primaire est obligatoire sous peine de sanctions à déterminer par la loi. Les fournitures classiques et le matériel didactique seront mis gratuitement par l'État à la disposition des élèves au niveau de l'enseignement primaire.

Article 32.4

L'enseignement agricole, professionnel, coopératif et technique est une responsabilité primordiale de l'État et des communes.

Article 32.5

La formation préscolaire et maternelle ainsi que l'enseignement non formel sont encouragés.

Article 32.6

L'accès aux études supérieures est ouvert en pleine égalité à tous, uniquement en fonction du mérite.

Article 32.7
L'État doit veiller à ce que chaque collectivité territoriale, section communale, commune, département soit doté d'établissements d'enseignement indispensables, adaptés aux besoins de son développement, sans toutefois porter préjudice à la priorité de l'enseignement agricole, professionnel, coopératif et technique qui doit être largement diffusé.

Article 32.8
L'État garantit aux handicapés et aux surdoués des moyens pour assurer leur autonomie, leur éducation, leur indépendance.

Article 32.9
L'État et les collectivités territoriales ont pour devoir de prendre toutes les dispositions nécessaires en vue d'intensifier la campagne d'alphabétisation des masses. Ils encouragent toutes initiatives privées tendant à cette fin.

Article 32.10
L'enseignant a droit à un salaire de base équitable.

Article 33
L'enseignement est libre à tous les degrés. Cette liberté s'exerce sous le contrôle de l'État.

Article 34
Hormis les cas de flagrant délit, l'enceinte des établissements d'enseignement est inviolable. Aucune force de l'ordre ne peut y pénétrer qu'en accord avec la Direction desdits établissements.

Article 34.1
Cette disposition ne s'applique pas quand un établissement scolaire est utilisé à d'autres fins.

Section G : De la liberté du travail

Article 35
La liberté du travail est garantie. Tout citoyen a pour obligation de se consacrer à un travail de son

choix en vue de subvenir à ses besoins et à ceux de sa famille, de coopérer avec l'État à l'établissement d'un système de sécurité sociale.

Article 35.1
Tout employé d'une institution privée ou publique a droit à un juste salaire, au repos, au congé annuel payé et au bonus.

Article 35.2
L'État garantit au travailleur, l'égalité des conditions de travail et de salaire quel que soit son sexe, ses croyances, ses opinions et son statut matrimonial.

Article 35.3
La liberté syndicale est garantie. Tout travailleur des secteurs privé et public peut adhérer au Syndicat de ses activités professionnelles pour la défense exclusivement de ses intérêts de travail.

Article 35.4

Le syndicat est essentiellement apolitique, à but non lucratif et non confessionnel. Nul ne peut être contraint d'y adhérer.

Article 35.5

Le droit de grève est reconnu dans les limites déterminée par la loi.

Article 35.6

La loi fixe la limite d'âge pour le travail salarié. Des Lois Spéciales réglementent le travail des enfants mineurs et des gens de maison.

Section H : De la propriété

Article 36

La propriété privée est reconnue et garantie. La loi en détermine les modalités d'acquisition, de jouissance ainsi que les limites.

Article 36.1

L'expropriation pour cause d'utilité publique peut avoir lieu moyennant le paiement ou la consignation ordonnée par la justice aux ordres de qui de droit, d'une juste et préalable indemnité fixée à dire d'expert.

Si le projet initial est abandonné, l'expropriation est annulée et l'immeuble ne pouvant être l'objet d'aucune autre spéculation, doit être restitué à son propriétaire originaire, sans aucun remboursement pour le petit propriétaire. La mesure d'expropriation est effective à partir de la mise en œuvre du projet.

Article 36.2

La Nationalisation et la confiscation des biens, meubles et immeubles pour causes politiques sont interdites.

Nul ne peut être privé de son droit légitime de propriété qu'en vertu d'un jugement rendu par un Tribunal de droit commun passé en force de chose souverainement jugée, sauf dans le cadre d'une réforme agraire.

Article 36.3

La propriété entraîne également des obligations. Il n'en peut être fait un usage contraire à l'intérêt général.

Article 36.4

Le propriétaire foncier doit cultiver, exploiter le sol et le protéger, notamment contre l'érosion. La sanction de cette obligation est prévue par la loi.

Article 36.5

Le droit de propriété ne s'étend pas au littoral, aux sources, rivières, cours d'eau, mines et carrières. Ils font partie du domaine public de l'État.

Article 36.6

La loi fixe les règles qui conditionnent la liberté de prospection et le droit d'exploiter les mines, minières et carrières du sous-sol, en assurant au propriétaire de la surface, aux concessionnaires et à l'État haïtien une participation équitable au profit que procure la mise en valeur de ces ressources naturelles.

Article 37
La loi fixe les conditions de morcellement et de remembrement de la terre en fonction du plan d'aménagement du territoire et du bien -être des communautés concernées, dans le cadre d'une réforme agraire.

Article 38
La propriété scientifique, littéraire et artistique est protégée par la loi.

Article 39
Les habitants des sections communales ont un droit de préemption pour l'exploitation des terres du domaine privé de l'État situées dans leur localité.

Section I : Droit à l'information

Article 40

Obligation est faite à l'État de donner publicité par voie de presse parlée, écrite et télévisée, en langues créole et française aux lois, arrêtés, décrets, accords internationaux, traités, conventions, à tout ce qui touche la vie nationale, exception faite pour les informations relevant de la sécurité nationale.

Section J : Droit à la sécurité

Article 41

Aucun individu de nationalité haïtienne ne peut être déporté ou forcé de quitter le territoire national pour quelque motif que ce soit.

Nul ne peut être privé pour des motifs politiques de sa capacité juridique et de sa nationalité.

Article 41.1

Aucun haïtien n'a besoin de visa pour laisser le pays ou pour y revenir.

Article 42

Aucun citoyen, civil ou militaire ne peut être distrait des juges que la constitution et les lois lui assignent.

Article 42.1

Le militaire accusé de crime de haute trahison envers la patrie est passible du tribunal de droit commun.

Article 42.2

La justice militaire n'a juridiction que :
a) Dans les cas de violation des règlements du Manuel de justice militaire par des militaires ;
b) Dans les cas de conflits entre les membres des forces armées ;
c) En cas de guerre.

Article 42.3

Les cas de conflit entre civils et militaires, les abus, violences et crimes perpétrés contre un civil par un militaire dans l'exercice de ses fonctions, relèvent exclusivement des tribunaux de droit commun.

Article 43
Aucune visite domiciliaire, aucune saisie de papier ne peut avoir lieu qu'en vertu de la loi et dans les formes qu'elle prescrit.

Article 44
Les détenus provisoires attendant d'être jugés doivent être séparés de ceux qui purgent une peine.

Article 44.1
Le régime des prisons doit répondre aux normes attachées au respect de la dignité humaine selon la loi sur la matière.

Article 45
Nulle peine ne peut être établie que par la loi, ni appliquée que dans les cas que celle-ci détermine.

Article 46
Nul ne peut être obligé, en matière criminelle, correctionnelle ou de simple police, à témoigner contre lui-même ou ses parents jusqu'au quatrième degré de consanguinité ou deuxième degré d'alliance.

Article 47
Nul ne peut être contraint à prêter serment que dans les cas et dans les formes prévus par la loi.

Article 48
L'État veillera à ce qu'une caisse de pension civile de retraite soit établie dans les secteurs privé et public. Elle sera alimentée par les contributions des employeurs et employés suivant les critères et modalités établis par la loi. L'allocation de la pension est un droit et non une faveur.

Article 49
La liberté, le secret de la correspondance et de toutes les autres formes de communication sont

inviolables. Leur limitation ne peut se produire que par un acte motivé de l'autorité judiciaire, selon les garanties fixées par la loi.

Article 50

Dans le cadre de la constitution et de la loi, le jury est établi en matière criminelle pour les crimes de sang et en matière de délits politiques.

Article 51

La loi ne peut avoir d'effet rétroactif, sauf en matière pénale quand elle est favorable à l'accusé.

Chapitre III
Des devoirs du citoyen

Article 52

A la qualité de citoyen se rattache le devoir civique. Tout droit est contrebalancé par le devoir correspondant.

Article 52.1

Le devoir civique est l'ensemble des obligations du citoyen dans l'ordre moral, politique, social et économique vis-à-vis de l'État et de la patrie. Ces obligations sont :

a) respecter la constitution et l'emblème national ;
b) respecter les lois ;
c) voter aux élections sans contrainte ;
d) payer ses taxes ;
e) servir de juré ;
f) défendre le pays en cas de guerre ;
g) s'instruire et se perfectionner ;
h) respecter et protéger l'environnement ;
i) respecter scrupuleusement les deniers et biens de l'État ;
j) respecter le bien d'autrui ;
k) oeuvrer pour le maintien de la paix ;
l) fournir assistance aux personnes en danger ;
m) respecter les droits et la liberté d'autrui.

Article 52.2

La dérogation à ces prescriptions est sanctionnée par la loi.

Article 52.3

Il est établi un service civique mixte obligatoire dont les conditions de fonctionnement sont établies par la loi.

Titre IV
Des étrangers

Article 53

Les conditions d'admission et de séjour des étrangers dans le pays sont établies par la loi.

Article 54

Les étrangers qui se trouvent sur le territoire de la République bénéficient de la même protection que celle qui est accordée aux Haïtiens, conformément à la loi.

Article 54.1

L'étranger jouit des droits civils, des droits économiques et sociaux sous la réserve des dispositions légales relatives au droit de propriété immobilière, à l'exercice des professions, au commerce de gros, à la représentation commerciale et aux opérations d'importation et d'exportation.

Article 55
Le droit de propriété immobilière est accordé à l'étranger résidant en Haïti pour les besoins de sa demeure.

Article 55.1
Cependant, l'étranger résidant en Haïti ne peut être propriétaire de plus d'une maison d'habitation dans un même arrondissement. Il ne peut en aucun cas se livrer au trafic de location d'immeubles. Toutefois, les sociétés étrangères de promotion immobilière bénéficient d'un statut spécial réglé par la loi.

Article 55.2
Le droit de propriété immobilière est également accordé à l'étranger résidant en Haïti et aux

sociétés étrangères pour les besoins de leurs entreprises agricoles, commerciales, industrielles, religieuses, humanitaires ou d'enseignement, dans les limites et conditions déterminées par la loi.

Article 55.3
Aucun étranger ne peut être propriétaire d'un immeuble borné par la frontière terrestre haïtienne.

Article 55.4
Ce droit prend fin cinq (5) années après que l'étranger n'a cessé de résider dans le pays ou qu'ont cessé les opérations de ces sociétés, conformément à la loi qui détermine les règlements à suivre pour la transmission et la liquidation des biens appartenant aux étrangers.

Article 55.5

Les contrevenants aux susdites dispositions ainsi que leurs complices seront punis conformément à la loi.

Article 56

L'étranger peut être expulsé du territoire de la République lorsqu'il s'immisce dans la vie politique du pays et dans les cas déterminés par la loi.

Article 57

Le droit d'asile est reconnu aux réfugiés politiques.

Titre V
De la souveraineté nationale

Article 58

La souveraineté nationale réside dans l'universalité des citoyens.

Les citoyens exercent directement les prérogatives de la souveraineté par :
a) l'élection du Président de la République ;
b) l'élection des membres du Pouvoir législatif ;
c) l'élection des membres de tous autres corps ou de toutes assemblées prévues par la constitution et par la loi.

Article 59
Les citoyens délèguent l'exercice de la souveraineté nationale à trois (3) pouvoirs
a) le pouvoir législatif ;
b) le pouvoir exécutif ;
c) le pouvoir judiciaire.

Le principe de séparation des trois (3) pouvoirs est consacré par la constitution.

Article 59.1
L'ensemble de ces trois (3) pouvoirs constitue le fondement essentiel de l'organisation de l'État qui est civil.

Article 60
Chaque pouvoir est indépendant des deux (2) autres dans ses attributions qu'il exerce séparément.

Article 60.1
Aucun d'eux ne peut, sous aucun motif, déléguer ses attributions en tout ou en partie, ni sortir des limites qui sont fixées par la constitution et par la loi.

Article 60.2
La responsabilité entière est attachée aux actes de chacun des trois (3) pouvoirs.

Chapitre premier
Des collectivités territoriales
et de la décentralisation

Article 61
Les collectivités territoriales sont la section communale, la commune et le département.

Article 61.1

La loi peut créer toute autre collectivité territoriale.

Section A : De la section communale

Article 62

La section communale est la plus petite entité territoriale administrative de la République.

Article 63

L'administration de chaque section communale est assurée par un conseil de trois (3) membres élu au suffrage universel pour une durée de quatre (4) ans. Ils sont indéfiniment rééligibles. Son mode d'organisation et de fonctionnement est réglé par la loi.

Article 63.1

Le conseil d'administration de la section communale est assisté dans sa tâche par une assemblée de la section communale.

Article 64

L'État a pour obligation d'établir au niveau de chaque section communale les structures propres à la formation sociale, économique, civique et culturelle de sa population.

Article 65

Pour être membre du conseil d'administration de la section communale, il faut :

a) être haïtien et âgé de 25 ans au moins ;

b) avoir résidé dans la section communale deux (2) ans avant les élections et continuer à y résider ;

c) jouir de ses droits civils et politiques et n'avoir jamais été condamné à une peine afflictive et infamante.

Section B : De la Commune

Article 66

La Commune a l'autonomie administrative et financière. Chaque Commune de la République est administrée par un Conseil de trois (3) membres élus au suffrage universel dénommé Conseil Municipal.

Article 66.1
Le Président du Conseil porte le titre de Maire. Il est assisté de Maires adjoints.

Article 67
Le Conseil Municipal est assisté dans sa tâche d'une Assemblée municipale formée notamment d'un représentant de chacune de ses Sections communales.

Article 68
Le mandat du Conseil municipal est de quatre (4) ans et ses membres sont indéfiniment rééligibles.

Article 69
Le mode d'organisation et le fonctionnement de la Commune et du Conseil municipal sont réglés par la loi.

Article 70

Pour être élu membre d'un Conseil municipal, il faut :

a) être haïtien ;
b) être âgé de vingt-cinq (25) ans accomplis ;
c) jouir de ses droits civils et politiques ;
d) n'avoir jamais été condamné à une peine afflictive et infamante ;
e) avoir résidé au moins 3 ans dans la Commune et s'engager à y résider pendant la durée de son mandat.

Article 71

Chaque Conseil municipal est assisté sur sa demande d'un Conseil technique fourni par l'administration centrale.

Article 72

Le Conseil municipal ne peut être dissous qu'en cas d'incurie, de malversation ou d'administration frauduleuse légalement prononcée par le tribunal compétent. En cas de dissolution, le Conseil départemental supplée immédiatement à la vacance et saisit le Conseil Électoral Permanent dans les soixante (60) jours à partir de la date de la dissolution en vue de l'élection d'un nouveau Conseil devant gérer les intérêts de la Commune pour le temps qui reste à courir. Cette procédure s'applique en cas de vacance pour toute autre cause.

Article 73
Le Conseil municipal administre ses ressources au profit exclusif de la municipalité et rend compte à l'Assemblée municipale qui elle-même en fait rapport au Conseil départemental.

Article 74
Le Conseil municipal est gestionnaire privilégié des biens fonciers du domaine privé de l'État situés dans les limites de sa Commune. Ils ne peuvent être l'objet d'aucune transaction sans l'avis préalable de l'Assemblée municipale.

Section C : De l'arrondissement

Article 75

L'arrondissement est une division administrative pouvant regrouper plusieurs communes. Son organisation et son fonctionnement sont réglés par la loi.

Section D: Du Département

Article 76

Le département est la plus grande division territoriale. Il regroupe les arrondissements.

Article 77

Le département est une personne morale. Il est autonome.

Article 78

Chaque département est administré par un Conseil de trois (3) membres élus pour quatre (4) ans par l'Assemblée départementale.

Article 79

Le membre du Conseil départemental n'est pas forcément tiré de l'Assemblée mais il doit :

a) être haïtien et âgé de vingt-cinq (25) ans au moins ;

b) avoir résidé dans le département trois (3) ans avant les élections et s'engager à y résider pendant la durée du mandat ;

c) jouir de ses droits civils et politiques et n'avoir jamais été condamné à une peine afflictive et infamante.

Article 80

Le Conseil départemental est assisté dans sa tâche d'une Assemblée départementale formée d'un (1) représentant de chaque assemblée municipale.

Article 80.1

Ont accès aux réunions de l'Assemblée avec voix consultative :

a) les députés et sénateurs du département ;

b) un (1) représentant de chaque association socio-professionnelle ou syndicale ;
c) le délégué départemental ;
d) les directeurs des services publics du département.

Article 81

Le Conseil départemental élabore en collaboration avec l'administration centrale, le plan de développement du département.

Article 82

L'organisation et le fonctionnement du conseil départemental et de l'assemblée départementale sont réglés par la loi.

Article 83

Le conseil départemental administre ses ressources financières au profit exclusif du département et rend compte à l'Assemblée départementale qui elle-même en fait rapport à l'administration centrale.

Article 84

Le conseil départemental peut être dissous en cas d'incurie, de malversations ou d'administration frauduleuse légalement constatées par le tribunal compétent.

En cas de dissolution, l'administration centrale nomme une commission provisoire et saisit le conseil électoral permanent en vue de l'élection d'un nouveau conseil pour le temps à courir dans les soixante (60) jours de la dissolution.

Section E : Des délégués et vice-délégués

Article 85

Dans chaque chef-lieu de département, le pouvoir exécutif nomme un représentant qui porte le titre de délégué. Un vice-délégué placé sous l'autorité du délégué est également nommé dans chaque chef-lieu d'arrondissement.

Article 86

Les délégués et vice-délégués assurent la coordination et le contrôle des services publics et n'exercent aucune fonction de police répressive.

Les autres attributions des délégués et vice-délégués sont déterminées par la loi.

Section F : Du conseil interdépartemental

Article 87

L'Exécutif est assisté d'un (1) Conseil interdépartemental dont les membres sont désignés par les assemblées départementales à raison d'un (1) par département.

Article 87.1

Ce représentant, choisi parmi les membres des assemblées départementales, sert de liaison entre le département et le pouvoir exécutif.

Article 87.2

Le conseil interdépartemental, de concert avec l'Exécutif, étudie et planifie les projets de décentralisation et de développement du pays, au point de vue social, économique, commercial, agricole et industriel.

Article 87.3

Il assiste aux séances de travail du Conseil des ministres lorsqu'elles traitent des objets mentionnés au précédent paragraphe avec voix délibérative.

Article 87.4

La décentralisation doit être accompagnée de la déconcentration des services publics avec délégation de pouvoir et du décloisonnement industriel au profit des départements.

Article 87.5

La loi détermine l'organisation et le fonctionnement du conseil interdépartemental ainsi que la fréquence des séances du Conseil des ministres auxquelles il participe.

Chapitre II
Du pouvoir législatif

Article 88

Le pouvoir législatif s'exerce par deux (2) Chambres représentatives. Une (1) Chambre des députés et un (1) Sénat qui forment le Corps Législatif.

Section A : De la Chambre des députés

Article 89

La Chambre des députés est un corps composé de membres élus au suffrage direct par les citoyens et chargé d'exercer au nom de ceux-ci et de concert avec le Sénat les attributions du Pouvoir législatif.

Article 90

Chaque collectivité municipale constitue une circonscription électorale et élit un (1) député. La loi fixe le nombre de députés au niveau des grandes agglomérations sans que ce nombre n'excède trois (3). En attendant l'application des alinéas précédents, le nombre de députés ne peut être inférieur à soixante-dix (70).

Article 90.1

Le député est élu à la majorité absolue des suffrages exprimés dans les assemblées primaires, selon les conditions et le mode prescrits par la loi électorale.

Article 91

Pour être membre de la Chambre des députés, il faut :

1) être Haïtien d'origine et n'avoir jamais renoncé à sa nationalité ;

2) être âgé de vingt-cinq (25) ans accomplis ;

3) jouir de ses droits civils et politiques et n'avoir jamais été condamné à une peine afflictive ou infamante pour un crime de droit commun ;

4) avoir résidé au moins deux (2) années consécutives précédant la date des élections dans la circonscription électorale à représenter ;

5) Être propriétaire d'un immeuble au moins dans la circonscription ou y exercer une profession ou une industrie ;

6) avoir reçu décharge, le cas échéant, comme gestionnaire de fonds publics.

Article 92

Les députés sont élus pour quatre (4) ans et sont indéfiniment rééligibles.

Article 92.1

Ils entrent en fonction le deuxième lundi de janvier et siègent en deux (2) sessions annuelles. La durée de leur mandat forme une législature.

Article 92.2

La première session va du deuxième lundi de janvier au deuxième lundi de mai. La seconde, du deuxième lundi du mois de juin au deuxième lundi de septembre.

Article 92.3

Le renouvellement de la Chambre des députés se fait intégralement tous les quatre (4) ans.

Article 93

La Chambre des députés, outre les attributions qui lui sont dévolues par la Constitution en tant que branche du pouvoir législatif, a le privilège de mettre en accusation le Chef de l'État, le Premier Ministre, les Ministres, les Secrétaires d'État par devant la Haute Cour de justice, par une majorité des 2/3 de ses membres. Les autres attributions de la Chambre des députés lui sont assignées par la Constitution et par la loi.

Section B : Du Sénat

Article 94

Le Sénat est un Corps composé de membres élus au suffrage direct par les citoyens et chargé d'exercer en leur nom, de concert avec la Chambre des Députés, les attributions du Pouvoir législatif.

Article 94.1

Le nombre des sénateurs est fixé à trois (3) sénateurs par département.

Article 94.2

Le sénateur de la République est élu au suffrage universel à la majorité absolue dans les assemblées primaires tenues dans les Départements géographiques, selon les conditions prescrites par la loi électorale.

Article 95

Les sénateurs sont élus pour six (6) ans et sont indéfiniment rééligibles.

Article 95.1
Les sénateurs siègent en permanence.

Article 95.2
Le Sénat peut cependant s'ajourner excepté durant la session législative. Lorsqu'il s'ajourne, il laisse un comité permanent chargé d'expédier les affaires courantes. Ce comité ne peut prendre aucun arrêté, sauf pour la convocation du Sénat.

Dans les cas d'urgence, l'Exécutif peut également convoquer le Sénat avant la fin de l'ajournement.

Article 95.3
Le renouvellement du Sénat se fait par tiers (1/3) tous les deux ans.

Article 96
Pour être élu sénateur, il faut :
1) être haïtien d'origine et n'avoir jamais renoncé à sa nationalité ;
2) être âgé de trente (30) ans accomplis ;

3) jouir de ses droits civils et politiques et n'avoir jamais été condamné à une peine afflictive et infamante pour un crime de droit commun ;

4) avoir résidé dans le département à représenter au moins quatre (4) années consécutives précédant la date des élections ;

5) être propriétaire d'un immeuble au moins dans le département ou y exercer une profession ou une industrie ;

6) avoir obtenu décharge, le cas échéant, comme gestionnaire de fonds publics.

Article 97

En addition aux responsabilités qui sont inhérentes en tant que branche du Pouvoir législatif, le Sénat exerce les attributions suivantes :

1) proposer à l'Exécutif la liste des juges de la Cour de Cassation selon les prescriptions de la Constitution ;

2) s'ériger en Haute Cour de justice ;

3) Exercer toutes autres attributions qui lui sont assignées par la présente Constitution et par la loi.

Section C : De l'Assemblée nationale

Article 98

La réunion en une seule Assemblée des deux (2) branches du pouvoir législatif constitue l'Assemblée Nationale.

Article 98.1

L'Assemblée Nationale se réunit pour l'ouverture et la clôture de chaque Session et dans tous les autres cas prévus par la Constitution.

Article 98.2

Les pouvoirs de l'Assemblée Nationale sont limités et ne peuvent s'étendre à d'autres objets que ceux qui sont spécialement attribués par la Constitution.

Article 98.3

Les attributions sont :

1) de recevoir le serment constitutionnel du Président de la République ;

2) de ratifier toute décision, de déclarer la guerre quand toutes les tentatives de conciliation ont échoué ;

3) d'approuver ou de rejeter les traités et conventions internationales ;

4) d'amender la Constitution selon la procédure qui y est indiquée ;

5) de ratifier la décision de l'Exécutif de déplacer le siège du Gouvernement dans les cas déterminés par l'article premier de la présente Constitution ;

6) de statuer sur l'opportunité de l'État de siège, d'arrêter avec l'Exécutif les garanties constitutionnelles à suspendre et de se prononcer sur toute demande de renouvellement de cette mesure ;

7) de concourir à la formation du Conseil Électoral Permanent conformément à l'article 192 de la Constitution ;

8) de recevoir à l'ouverture de chaque session, le bilan des activités du Gouvernement.

Article 99

L'Assemblée Nationale est présidée par le Président du Sénat, assisté du Président de la Chambre des députés en qualité de Vice-Président. Les Secrétaires du Sénat et ceux de la Chambre des députés sont les Secrétaires de l'Assemblée Nationale.

Article 99.1

En cas d'empêchement du Président du Sénat, l'Assemblée Nationale est présidée par le Président de la Chambre des députés, le Vice-Président du Sénat devient alors Vice-Président de l'Assemblée Nationale.

Article 99.2

En cas d'empêchement des deux (2) Présidents, les deux (2) Vice-Président y suppléent respectivement.

Article 100

Les séances de l'Assemblée sont publiques. Néanmoins, elles peuvent avoir lieu à huis clos sur la demande de cinq (5) membres et il sera ensuite décidé à la majorité absolue si la séance doit être reprise en public.

Article 101

En cas d'urgence, lorsque le corps législatif n'est pas en session, le pouvoir exécutif peut convoquer l'Assemblée Nationale à l'extraordinaire.

Article 102

L'Assemblée Nationale ne peut siéger ou prendre des décisions et des résolutions sans la présence en son sein de la majorité de chacune des deux (2) Chambres.

Article 103

Le corps législatif a son siège à Port-au-Prince. Néanmoins, suivant les circonstances, ce siège sera transféré ailleurs au même lieu et en même temps que celui du pouvoir exécutif.

Section D : De l'exercice du pouvoir législatif

Article 104

La session du corps législatif prend date dès l'ouverture des deux (2) Chambres en Assemblée Nationale.

Article 105

Dans l'intervalle des sessions ordinaires et en cas d'urgence, le Président de la République peut convoquer le corps législatif en session extraordinaire.

Article 106

Le Chef du pouvoir exécutif rend compte de cette mesure par un message.

Article 107
Dans le cas de convocation à l'extraordinaire du corps législatif, il ne peut décider sur aucun objet étranger au motif de la convocation.

Article 107.1
Cependant, tout sénateur ou député peut entretenir l'Assemblée à laquelle il appartient de question d'intérêt général.

Article 108
Chaque Chambre vérifie et valide les pouvoirs de ses membres et juge souverainement les contestations qui s'élèvent à ce sujet.

Article 109
Les membres de chaque Chambre prêtent le serment suivant :

« *Je jure de m'acquitter de ma tâche, de maintenir et de sauvegarder les droits du Peuple et d'être fidèle à la Constitution.* »

Article 110

Les séances des (2) deux Chambres sont publiques. Chaque Chambre peut travailler à huis clos sur la demande de cinq (5) membres et décider ensuite à la majorité si la séance doit être reprise en public.

Article 111

Le Pouvoir législatif fait des lois sur tous les objets d'intérêt public.

Article 111.1

L'initiative en appartient à chacune des deux (2) Chambres ainsi qu'au pouvoir exécutif.

Article 111.2

Toutefois l'initiative de la Loi Budgétaire, des lois concernant l'assiette, la quotité et le mode de perception des impôts et contributions, de celles ayant pour objet de créer des recettes ou d'augmenter les recettes et les dépenses de l'État est du ressort du pouvoir exécutif. Les projets présentés à cet égard doivent être votés d'abord par la Chambre des députés.

Article 111.3

En cas de désaccord entre les deux (2) Chambres relativement aux lois mentionnées dans le précédent paragraphe, chaque Chambre nomme au scrutin de liste et en nombre égal une commission parlementaire qui résout en dernier ressort le désaccord.

Article 111.4

Si le désaccord se produit à l'occasion de toute autre loi, celle-ci sera ajournée jusqu'à la session suivante. Si à cette session et même en cas de renouvellement des Chambres, la loi étant présentée à nouveau, une entente ne se réalise pas, chaque Chambre nomme au scrutin de liste et en nombre égal, une commission parlementaire chargée d'arrêter le texte définitif qui sera soumis aux deux (2) Assemblées, à commencer par celle qui avait primitivement voté la loi. Et si ces nouvelles délibérations ne donnent aucun résultat, le projet ou la proposition de loi sera retiré.

Article 111.5
En cas de désaccord, entre le pouvoir législatif et le pouvoir exécutif, la commission de conciliation prévue à l'article 206 ci-après, est saisie du différend sur demande de l'une des parties.

Article 111.6
Si la commission échoue dans sa mission, elle dresse un procès-verbal de non conciliation qu'elle transmet aux deux (2) hautes parties et en donne avis à la Cour de Cassation.

Article 111.7
Dans la huitaine de la réception de ce procès-verbal, la Cour de cassation se saisit d'office du différend. La Cour statue en sections réunies, toutes affaires cessantes. La décision sera finale et s'impose aux hautes parties. Si entre

temps, une entente survient entre les hautes parties, les termes de l'entente arrêteront d'office la procédure en cours.

Article 111.8
En aucun cas, la Chambre des députés ou le Sénat ne peut être dissous ou ajourné, ni le mandat de leurs membres prorogé.

Article 112
Chaque Chambre au terme de ses règlements, nomme son personnel, fixe sa discipline et détermine le mode suivant lequel elle exerce ses attributions.

Article 112.1
Chaque Chambre peut appliquer à ces membres pour conduite répréhensible, par décision prise à la majorité des 2/3, des peines disciplinaires sauf, celle de la radiation.

Article 113

Sera déchu de sa qualité de député ou de sénateur, tout membre du Corps législatif qui, pendant la durée de son mandat, aura été frappé d'une condamnation prononcée par un tribunal de droit commun qui a acquis autorité de chose jugée et entraîne l'inéligibilité.

Article 114

Les membres du Corps législatif sont inviolables du jour de leur prestation de serment jusqu'à l'expiration de leur mandat, sous réserve des dispositions de l'article 115 ci-après.

Article 114.1

Ils ne peuvent être en aucun temps poursuivis et attaqués pour les opinions et votes émis par eux dans l'exercice de leur fonction.

Article 114.2

Aucune contrainte par corps ne peut être exécutée contre un membre du Corps législatif pendant la durée de son mandat.

Article 115

Nul membre du Corps législatif ne peut, durant son mandat, être arrêté en matière criminelle, correctionnelle ou de police pour délit de droit commun, si ce n'est avec l'autorisation de la Chambre à laquelle il appartient, sauf le cas de flagrant délit pour faits emportant une peine afflictive et infamante. Il en est alors référé à la Chambre des députés ou au Sénat sans délai si le Corps législatif est en session, dans le cas contraire, à l'ouverture de la prochaine session ordinaire ou extraordinaire.

Article 116

Aucune des deux (2) Chambres ne peut siéger, ni prendre une résolution sans la présence de la majorité de ses membres.

Article 117

Tous les actes du Corps législatif doivent être pris à la majorité des membres présents, excepté s'il en est autrement prévu par la présente Constitution.

Article 118

Chaque Chambre a le droit d'enquêter sur les questions dont elle est saisie.

Article 119

Tout le projet de loi doit être voté article par article.

Article 120

Chaque Chambre a le droit d'amender et de diviser les articles et amendements proposés. Les Amendements votés par une Chambre ne peuvent faire partie d'un projet de loi qu'après avoir été votés par l'autre Chambre dans la même forme et en des termes identiques. Aucun projet de loi ne devient loi qu'après avoir été voté dans la même forme par les deux (2) Chambres.

Article 120.1
Tout projet peut être retiré de la discussion tant qu'il n'a pas été définitivement voté.

Article 121
Toute loi votée par le Corps législatif est immédiatement adressée au Président de la République qui, avant de la promulguer, a le droit d'y faire des objections en tout ou en partie.

Article 121.1
Dans ce cas, le Président de la République renvoie la loi avec ses objections à la Chambre où elle a été primitivement votée. Si la loi est amendée par cette Chambre, elle est renvoyée à l'autre Chambre avec les objections.

Article 121.2
Si la loi ainsi amendée est votée par la seconde Chambre, elle sera adressée de nouveau au Président de la République pour être promulguée.

Article 121.3
Si les objections sont rejetées par la Chambre qui a primitivement voté la loi, elle est renvoyée à l'autre Chambre avec les objections.

Article 121.4
Si la seconde Chambre vote également le rejet, la loi est renvoyée au Président de la République qui est dans l'obligation de la promulguer.

Article 121.5
Le rejet des objections est voté par l'une ou l'autre Chambre à la majorité prévue par l'article 117. Dans ce cas, les votes de chaque Chambre seront émis au scrutin secret.

Article 121.6
Si dans l'une ou l'autre Chambre, la majorité prévue à l'alinéa précédent n'est pas obtenue pour le rejet, les objections sont acceptées.

Article 122

Le droit d'objection doit être exercé dans un délai de huit (8) jours francs à partir de la date de la réception de la loi par le Président de la République.

Article 123

Si dans les délais prescrits, le Président de la République ne fait aucune objection, la loi doit être promulguée à moins que la session du Corps législatif n'ait pris fin avant l'expiration des délais, dans ce cas, la loi demeure ajournée. La loi ainsi ajournée est, à l'ouverture de la Session suivante, adressée au Président de la République pour l'exercice de son droit d'objection.

Article 124

Un projet de loi rejeté par l'une des deux (2) Chambres ne peut être présenté de nouveau dans la même session.

Article 125

Les lois et autres actes du Corps législatif et de l'Assemblée Nationale seront rendus exécutoires par leur promulgation et leur publication au Journal Officiel de la République.

Article 125.1

Ils sont numérotés, insérés dans le bulletin imprimés et numérotés ayant pour titre Bulletin des lois et actes.

Article 126

La loi prend date du jour de son adoption définitive par les deux (2) Chambres.

Article 127

Nul ne peut en personne présenter des pétitions à la tribune du Corps législatif.

Article 128

L'interprétation des lois par voie d'autorité, n'appartient qu'au Pouvoir législatif, elle est donnée dans la forme d'une loi.

Article 129

Chaque membre du Corps législatif reçoit une indemnité mensuelle à partir de sa prestation de serment.

Article 129.1

La fonction de membre du Corps législatif est incompatible avec toute autre fonction rétribuée par l'État, sauf celle d'enseignant.

Article 129.2

Le droit de questionner et d'interpeller un membre du Gouvernement ou le Gouvernement tout entier sur les faits et actes de l'administration est reconnu à tout membre des deux (2) Chambres.

Article 129.3
La demande d'interpellation doit être appuyée par cinq (5) membres du Corps intéressé. Elle aboutit à un vote de confiance ou de censure pris à la majorité de ce Corps.

Article 129.4
Lorsque la demande d'interpellation aboutit à un vote de censure sur une question se rapportant au programme où à une déclaration de politique générale du Gouvernement, le Premier Ministre doit remettre au Président de la République, la démission de son Gouvernement.

Article 129.5
Le Président doit accepter cette démission et nommer un nouveau Premier Ministre, conformément aux dispositions de la Constitution.

Article 129.6
Le Corps législatif ne peut prendre plus d'un vote de censure par an sur une question se rapportant

au programme ou à une déclaration de politique générale de Gouvernement.

Article 130
En cas de mort, de démission, de déchéance, d'interdiction judiciaire ou d'acceptation d'une fonction incompatible avec celle de membre du Corps législatif, il est pourvu au remplacement du député ou du sénateur dans sa circonscription électorale pour le temps seulement qui reste à courir par une élection partielle sur convocation de l'Assemblée Primaire Électorale faite par le Conseil Électoral Permanent dans le mois même de la vacance.

Article 130.1
L'élection a lieu dans une période de trente (30) jours après la convocation de l'Assemblée Primaire, conformément à la Constitution.

Article 130.2

Il en est de même à défaut d'élection ou en cas de nullité des élections prononcées par le Conseil Électoral Permanent dans une ou plusieurs circonscriptions.

Article 130.3

Cependant, si la vacance se produit au cours de la dernière session ordinaire de la Législature ou après la session, il n'y a pas lieu à l'élection partielle.

Section E : Des incompatibilités

Article 131

Ne peuvent être élus membres du Corps législatif :
1) les concessionnaires ou cocontractants de l'État pour l'exploitation des services publics ;
2) les représentants ou mandataires des concessionnaires ou cocontractants de l'État, compagnies ou sociétés concessionnaires ou cocontractants de l'État ;

3) les délégués, vice-délégués, les juges, les officiers du Ministère Public dont les fonctions n'ont pas cessé six (6) mois avant la date fixée pour les élections ;

4) toute personne se trouvant dans les autres cas d'inéligibilité prévus par la présente Constitution et par la loi.

Article 132

Les membres du pouvoir exécutif et les directeurs généraux de l'administration publique ne peuvent être élus membres du Corps législatif s'ils ne démissionnent un (1) an au moins avant la date des élections.

Chapitre III
Du pouvoir exécutif

Article 133

Le pouvoir exécutif est exercé par : a) le Président de la République, Chef de l'État ; b) le Gouvernement ayant à sa tête un Premier Ministre.

Section A : Du Président de la République

Article 134

Le Président de la République est élu au suffrage universel direct à la majorité absolue des votants. Si celle-ci n'est pas obtenue au premier tour, il est procédé à un second tour. Seuls peuvent s'y présenter les deux (2) candidats qui, le cas échéant, après retrait de candidats plus favorisés, se trouvent avoir recueilli le plus grand nombre de voix au premier tour.

Article 134.1

La durée du mandat présidentiel est de cinq (5) ans. Cette période commence et se terminera le 7 février suivant la date des élections.

Article 134.2

Les élections présidentielles ont lieu le dernier dimanche de novembre de la cinquième année du mandat présidentiel.

Article 134.3

Le Président de la République ne peut bénéficier de prolongation de mandat. Il ne peut assumer un nouveau mandat, qu'après un intervalle de cinq (5) ans. En aucun cas, il ne peut briguer un troisième mandat.

Article 135

Pour être élu Président de la République d'Haïti, il faut :

a) être haïtien d'origine et n'avoir jamais renoncé à sa nationalité ;

b) être âgé de trente-cinq (35) ans accomplis au jour des élections ;

c) jouir de ses droits civils et politiques et n'avoir jamais été condamné à une peine afflictive et infamante pour crime de droit commun ;

d) être propriétaire en Haïti d'un immeuble au moins et avoir dans le pays une résidence habituelle ;

e) résider dans le pays depuis cinq (5) années consécutives avant la date des élections ;

f) avoir reçu décharge de sa gestion si on a été comptable des deniers publics.

Article 135.1

Avant d'entrer en fonction, le Président de la République prête devant l'Assemblée Nationale le serment suivant

« *Je jure, devant Dieu et devant la Nation, d'observer et de faire observer fidèlement la Constitution et les lois de la République, de respecter et de faire respecter les droits du peuple haïtien, de travailler à la grandeur de la Patrie, de maintenir l'indépendance nationale et l'intégrité du territoire.* »

Section B : Des attributions du Président de la République

Article 136

Le Président de la République, Chef de l'État, veille au respect et à l'exécution de la Constitution et à la stabilité des institutions. Il assure le fonctionnement régulier des pouvoirs publics ainsi que la continuité de l'État.

Article 137
Le Président de la République choisit un Premier Ministre parmi les membres du parti ayant la majorité au Parlement. A défaut de cette majorité, le Président de la République choisit son Premier Ministre en consultation avec le Président du Sénat et celui de la Chambre des députés. Dans les deux (2) cas, le choix doit être ratifié par le Parlement.

Article 137.1
Le Président de la République met fin aux fonctions du Premier Ministre sur la présentation par celui-ci de la démission du Gouvernement.

Article 138
Le Président de la République est le garant de l'Indépendance Nationale et de l'Intégrité du Territoire.

Article 139

Il négocie et signe tous traités, conventions et accords internationaux et les soumet à la ratification de l'Assemblée Nationale.

Article 139.1

Il accrédite les Ambassadeurs et les Envoyés Extraordinaires auprès des puissances étrangères, reçoit les lettres de créance des Ambassadeurs des puissances étrangères et accorde l'exequatur aux Consuls.

Article 140

Il déclare la guerre, négocie et signe les traités de paix avec l'approbation de l'Assemblée Nationale.

Article 141

Le Président de la République, après l'approbation du Sénat nomme par arrêté pris en Conseil des Ministres, le Commandant en Chef des Forces Armées, le Commandant en Chef de la Police, les Ambassadeurs et les Consuls généraux.

Article 142

Par arrêté pris en Conseil des Ministres, le Président de la République nomme les directeurs généraux de l'administration publique, les délégués et vice-délégués des départements et arrondissements. Il nomme également, après approbation du Sénat, les conseils d'administration des organismes autonomes.

Article 143

Le Président de la République est le Chef nominal des Forces Armées, il ne les commande jamais en personne.

Article 144

Il fait sceller les lois du Sceau de la République et les promulgue dans les délais prescrits par la Constitution. Il peut avant l'expiration de ce délai, user de son droit d'objection.

Article 145
Il veille à l'exécution des décisions judiciaires, conformément à la loi.

Article 146
Le Président de la République a le droit de grâce et de commutation de peine relativement à toute condamnation passée en force de chose jugée, à l'exception des condamnations prononcées par la Haute Cour de Justice ainsi qu'il est prévu dans la présente Constitution.

Article 147
Il ne peut accorder amnistie qu'en matière politique et selon les prescriptions de la loi.

Article 148
Si le Président se trouve dans l'impossibilité temporaire d'exercer ses fonctions, le Conseil des Ministres sous la présidence du Premier Ministre, exerce le pouvoir exécutif tant que dure l'empêchement.

Article 149

En cas de vacance de la Présidence de la République pour quelque cause que ce soit, le Président de la Cour de Cassation de la République ou, à son défaut, le Vice-Président de cette Cour ou à défaut de celui-ci, le juge le plus ancien et ainsi de suite par ordre d'ancienneté, est investi provisoirement de la fonction de Président de la République par l'Assemblée Nationale dûment convoquée par le Premier Ministre. Le scrutin pour l'élection du nouveau Président pour un nouveau mandat de cinq (5) ans a lieu quarante-cinq (45) jours au moins et quatre-vingt-dix (90) jours au plus après l'ouverture de la vacance, conformément à la Constitution et à la Loi Électorale.

Article 149.1

Ce Président provisoire ne peut en aucun cas se porter candidat à la plus prochaine élection présidentielle.

Article 150

Le Président de la République n'a d'autres pouvoirs que ceux que lui attribue la Constitution.

Article 151

A l'ouverture de la Première session législative annuelle, le Président de la République, par un message au Corps législatif, fait l'exposé général de la situation. Cet exposé ne donne lieu à aucun débat.

Article 152

Le Président de la République reçoit du Trésor public une indemnité mensuelle à partir de sa prestation de serment.

Article 153

Le Président de la République a sa résidence officielle au Palais National, à la capitale, sauf en cas de déplacement du siège du pouvoir exécutif.

Article 154

Le Président de la République préside le Conseil des Ministres.

Section C : Du Gouvernement

Article 155

Le Gouvernement se compose du Premier Ministre, des Ministres et des Secrétaires d'État. Le Premier Ministre est le Chef de Gouvernement.

Article 156

Le Gouvernement conduit la politique de la Nation.

Il est responsable devant le Parlement dans les conditions prévues par la Constitution.

Article 157

Pour être nommé Premier Ministre, il faut :

1) être haïtien d'origine et n'avoir pas renoncé à sa nationalité ;
2) être âgé de trente (30) ans accomplis ;

3) jouir de ses droits civils et politiques et n'avoir jamais été condamné à une peine afflictive et infamante ;

4) être propriétaire en Haïti ou y exercer une profession ;

5) résider dans le pays depuis cinq (5) années consécutives ;

6) avoir reçu décharge de sa gestion si on a été comptable des deniers publics.

Section D : Des attributions du Premier Ministre

Article 158

Le Premier Ministre en accord avec le Président choisit les membres de son Cabinet ministériel et se présente devant le Parlement afin d'obtenir un vote de confiance sur sa déclaration de politique générale. Le vote a lieu au scrutin public et à la majorité absolue de chacune des deux (2) Chambres. Dans le cas d'un vote de non confiance par l'une des deux (2) Chambres, la procédure recommence.

Article 159

Le Premier Ministre fait exécuter les lois. En cas d'absence, d'empêchement temporaire du Président de la République ou sur sa demande, le Premier Ministre préside le Conseil des Ministres. Il a le pouvoir réglementaire, mais il ne peut jamais suspendre, ni interpréter les lois, actes et décrets, ni se dispenser de les exécuter.

Article 159.1

De concert avec le Président de la République, il est responsable de la Défense Nationale.

Article 160

Le Premier Ministre nomme et révoque directement ou par délégation les fonctionnaires publics selon les conditions prévues par la Constitution et par la loi sur le statut général de la Fonction Publique.

Article 161

Le Premier Ministre et les Ministres ont leurs entrées aux Chambres pour soutenir les projets de lois et les objections du Président de la République ainsi que pour répondre aux interpellations.

Article 162

Les actes du Premier Ministre sont contresignés, le cas échéant par les Ministres chargés de leur exécution. Le Premier Ministre peut être chargé d'un portefeuille ministériel.

Article 163

Le Premier Ministre et les Ministres sont responsables solidairement tant des actes du Président de la République qu'ils contresignent que de ceux de leurs ministères. Ils sont également responsables de l'exécution des lois, chacun en ce qui le concerne.

Article 164

La fonction de Premier Ministre et celle de membre du Gouvernement sont incompatibles avec tout mandat parlementaire. Dans un tel cas, le parlementaire opte pour l'une ou l'autre fonction.

Article 165

En cas de démission du Premier Ministre, le Gouvernement reste en place jusqu'à la nomination de son successeur pour expédier les affaires courantes.

Section E : Des ministres et des secrétaires d'État

Article 166

Le Président de la République préside le Conseil des Ministres. Le nombre de ceux-ci ne peut être inférieur à dix (10). Le Premier Ministre quand il le juge nécessaire adjoindra aux Ministres, des Secrétaires d'État.

Article 167

La loi fixe le nombre des Ministères.

Article 168

La fonction ministérielle est incompatible avec l'exercice de tous autres emplois publics, sauf ceux de l'enseignement supérieur.

Article 169

Les Ministres sont responsables des actes du Premier Ministre qu'ils contresignent. Ils sont solidairement responsables de l'exécution des lois.

Article 169.1

En aucun cas, l'ordre écrit ou verbal du Président de la République ou du Premier Ministre ne peut soustraire les Ministres à la responsabilité attachée à leurs fonctions.

Article 170

Le Premier Ministre, les Ministres et les Secrétaires d'État reçoivent des indemnités mensuelles établies par la Loi Budgétaire.

Article 171

Les Ministres nomment certaines catégories d'agents de la Fonction Publique par délégation du Premier Ministre, selon les conditions fixées par la loi sur la Fonction Publique.

Article 172

Lorsque l'une des deux (2) Chambres, à l'occasion d'une interpellation met en cause la responsabilité d'un Ministre par un vote de censure pris à la majorité absolue de ses membres, l'Exécutif renvoie le Ministre.

Chapitre IV
Du pouvoir judiciaire

Article 173

Le pouvoir judiciaire est exercé par la Cour de Cassation, les Cours d'appel, les tribunaux de première instance, les tribunaux de paix et les tribunaux spéciaux dont le nombre, la composition, l'organisation, le fonctionnement et la juridiction sont fixés par la loi.

Article 173.1

Les contestations qui ont pour objet les droits civils sont exclusivement du ressort des tribunaux.

Article 173.2

Nul tribunal, nulle juridiction contentieuse ne peut être établie qu'en vertu de la loi. Il ne peut être créé de tribunal extraordinaire sous quelque dénomination que ce soit.

Article 174

Les juges de la Cour de Cassation et des Cours d'appel sont nommés pour dix (10) ans. Ceux des tribunaux de première instance le sont pour sept (7) ans. Leur mandat commence à courir à compter de leur prestation de serment.

Article 175

Les juges de la Cour de Cassation sont nommés par le Président de la République sur une liste de trois (3) personnes par siège soumise par le Sénat. Ceux des cours d'appel et des tribunaux de première instance le sont sur une liste soumise par l'Assemblée départementale concernée; les juges de paix sur une liste préparée par les Assemblées communales.

Article 176

La loi règle les conditions exigibles pour être juge à tous les degrés. Une École de la Magistrature est créée.

Article 177

Les juges de la Cour de Cassation, ceux des Cours d'appel et des tribunaux de première instance sont inamovibles. Ils ne peuvent être destitués que pour forfaiture légalement prononcée ou suspendus qu'à la suite d'une inculpation. Ils ne peuvent être l'objet d'affectation nouvelle, sans leur consentement, même en cas de promotion. Il ne peut être mis fin à leur service durant leur mandat qu'en cas d'incapacité physique ou mentale permanente dûment constatée.

Article 178

La Cour de Cassation ne connaît pas du fond des affaires. Néanmoins, en toutes matières autres que celles soumises au Jury lorsque sur un second recours, même sur une exception, une affaire se présentera entre les mêmes parties, la Cour de Cassation admettant le pourvoi, ne prononcera point de renvoi et statuera sur le fond, sections réunies.

Article 178.1

Cependant, lorsqu'il s'agit de pourvoi contre les ordonnances de référé, les ordonnances du juge d'instruction, les arrêts d'appel rendus à l'occasion de ces ordonnances ou contre les sentences en dernier ressort des tribunaux de paix ou des décisions de tribunaux spéciaux, la Cour de Cassation admettant les recours statue sans renvoi.

Article 179

Les fonctions de juge sont incompatibles avec toutes autres fonctions salariées, sauf celle de l'enseignement.

Article 180

Les audiences des tribunaux sont publiques. Toutefois, elles peuvent être tenues à huis clos dans l'intérêt de l'ordre public et des bonnes mœurs, sur décision du tribunal.

Article 180.1

En matière de délit politique et de délit de presse, le huis clos ne peut être prononcé.

Article 181

Tout arrêt ou jugement est motivé et prononcé en audience publique.

Article 181.1

Les arrêts ou jugements sont rendus et exécutés au nom de la République. Ils portent le mandement exécutoire aux officiers du Ministère Public et aux agents de la Force publique. Les actes des notaires susceptibles d'exécution forcée sont mis dans la même forme.

Article 182

La Cour de Cassation se prononce sur les conflits d'attributions, d'après le mode réglé par la loi.

Article 182.1
Elle connaît des faits et du droit dans tous les cas de décisions rendues par les tribunaux militaires.

Article 183
La Cour de Cassation à l'occasion d'un litige et sur le renvoi qui lui en est fait, se prononce en sections réunies sur l'inconstitutionnalité des lois.

Article 183.1
L'interprétation d'une loi donnée par les Chambres législatives s'impose pour l'objet de cette loi, sans qu'elle puisse rétroagir en ravissant des droits acquis.

Article 183.2
Les tribunaux n'appliquent les arrêtés et règlements d'administration publique que pour autant qu'ils sont conformes aux lois.

Article 184

La loi détermine les compétences des Cours et des tribunaux, règle la façon de procéder devant eux.

Article 184.1

Elle prévoit également les sanctions disciplinaires à prendre contre les juges et les officiers du Ministère Public, à l'exception des juges de la Cour de Cassation qui sont justiciables de la Haute Cour de Justice pour forfaiture.

Chapitre V
De la Haute Cour de Justice

Article 185

Le Sénat peut s'ériger en Haute Cour de Justice. Les travaux de cette Cour sont dirigés par le Président du Sénat assisté du Président et du Vice-Président de la Cour de Cassation comme Vice-Président et Secrétaire, respectivement, sauf si des juges de la Cour de Cassation ou des Officiers du Ministère Public près cette Cour sont impliqués dans l'accusation, auquel cas, le Président du Sénat se fera assister de deux (2) Sénateurs dont l'un sera désigné par l'inculpé et les Sénateurs sus-visés ont voix délibérative.

Article 186
La Chambre des Députés, à la majorité des deux tiers (2/3) de ses membres prononce la mise en accusation :
a) du Président de la République pour crime de haute trahison ou tout autre crime ou délit commis dans l'exercice de ses fonctions ;
b) du Premier Ministre, des Ministres et des Secrétaires d'État pour crimes de haute trahison et de malversations, ou d'excès de Pouvoir ou tous autres crimes ou délits commis dans l'exercice de leurs fonctions ;
c) des membres du Conseil Électoral Permanent et ceux de la Cour Supérieure des Comptes et du Contentieux Administratif pour fautes graves commises dans l'exercice de leurs fonctions ;

d) des juges et officiers du Ministère Public près de la Cour de Cassation pour forfaiture ;
e) du Protecteur du citoyen.

Article 187
Les membres de la Haute Cour de Justice prêtent individuellement et à l'ouverture de l'audience le serment suivant

« Je jure devant Dieu et devant la Nation de juger avec l'impartialité et la fermeté qui conviennent à un homme probe et libre, suivant ma conscience et mon intime conviction. »

Article 188
La Haute Cour de Justice, au scrutin secret et à la majorité absolue , désigne parmi ses membres une Commission chargée de l'instruction.

Article 188.1
La décision, sous forme de décret est rendue sur le rapport de la Commission d'instruction et à la

majorité des deux tiers (2/3) des membres de la Haute Cour de Justice.

Article 189

La Haute Cour de Justice ne siège qu'à la majorité des deux tiers (2/3) de ses membres.

Article 189.1

Elle ne peut prononcer d'autre peine que la destitution, la déchéance et la privation du droit d'exercer toute fonction publique durant cinq (5) ans au moins et quinze (15) au plus.

Article 189.2

Toutefois, le condamné peut être traduit devant les tribunaux ordinaires, conformément à la loi, s'il y a lieu d'appliquer d'autres peines ou de statuer sur l'exercice de l'action civile.

Article 190

La Haute Cour de Justice, une fois saisie, doit siéger jusqu'au prononcé de la décision, sans tenir compte de la durée des Sessions du Corps législatif.

Titre VI
Des institutions indépendantes
Chapitre premier
Du Conseil électoral permanent

Article 191

Le Conseil Électoral permanent est chargé d'organiser et de contrôler en toute indépendance, toutes les opérations électorales sur tout le territoire de la République jusqu'à la proclamation des résultats du scrutin.

Article 191.1

Il élabore également le Projet de Loi Électorale qu'il soumet au Pouvoir exécutif pour les suites nécessaires.

Article 191.2

Il s'assure de la tenue à jour des listes électorales.

Article 192

Le Conseil Électoral permanent comprend (9) neuf membres choisis sur une liste de (3) trois noms proposés par chacune des Assemblées départementales :

3 sont choisis par le Pouvoir exécutif ;
3 sont choisis par la Cour de Cassation ;
3 sont choisis par l'Assemblée Nationale.

Les organes sus-cités veillent, autant que possible, à ce que chacun des départements soit représenté.

Article 193

Pour être membre du Conseil Électoral Permanent, il faut :

1) être Haïtien d'origine ;
2) être âgé au moins de 40 ans révolus ;
3) jouir de ses droits civils et politiques et n'avoir jamais été condamné à une peine afflictive et infamante ;
4) avoir reçu décharge de sa gestion si on a été comptable de deniers publics ;

5) avoir résidé dans le pays au moins trois (3) ans avant sa nomination.

Article 194

Les membres du Conseil Électoral Permanent sont nommés pour une période de (9) neuf ans non renouvelable. Ils sont inamovibles.

Article 194.1

Le Conseil Électoral Permanent est renouvelable par tiers tous les (3) trois ans. Le Président est choisi parmi les membres.

Article 194.2

Avant d'entrer en fonction, les membres du Conseil Électoral Permanent prêteront le serment suivant devant la Cour de Cassation

« *Je jure de respecter la Constitution et les dispositions de la Loi électorale et de m'acquitter de ma tâche avec dignité, indépendance, impartialité et patriotisme.* »

Article 195

En cas de faute grave commise dans l'exercice de leur fonction, les membres du Conseil Électoral Permanent sont passibles de la Haute Cour de Justice.

Article 196

Les membres du Conseil électoral Permanent ne peuvent occuper aucune fonction publique, ni se porter candidat à une fonction élective pendant toute la durée de leur mandat.

En cas de démission, tout membre du Conseil doit attendre trois (3) ans avant de pouvoir briguer une fonction élective.

Article 197

Le Conseil Électoral Permanent est le Contentieux de toutes les contestations soulevées à l'occasion soit des élections, soit de l'application ou de la violation de la loi électorale, sous réserve de toute poursuite légale à entreprendre contre le ou les coupables par devant les tribunaux compétents.

Article 198

En cas de vacance créée par décès, démission ou toute autre cause, il est pourvu au remplacement du membre, suivant la procédure fixée par l'article 192 pour le temps qui reste à courir, compte tenu du Pouvoir qui avait désigné le membre à remplacer.

Article 199

La loi détermine les règles d'organisation et de fonctionnement du Conseil Électoral Permanent.

Chapitre II
De la Cour supérieure des comptes et du contentieux administratif

Article 200

La Cour Supérieure des Comptes et du Contentieux Administratif est une juridiction financière, administrative, indépendante et autonome. Elle est chargée du contrôle administratif et juridictionnel des recettes et des dépenses de l'État, de la vérification de la comptabilité des Entreprises de l'État ainsi que de celles des collectivités territoriales.

Article 200.1
La Cour Supérieure des Comptes et du Contentieux Administratif connaît des litiges mettant en cause l'État et les Collectivités territoriales, l'administration et les fonctionnaires publics, les services publics et les administrés.

Article 200.2
Ses décisions ne sont susceptibles d'aucun recours, sauf pourvoi en cassation.

Article 200.3
La Cour Supérieure des Comptes et du Contentieux Administratif comprend deux sections :
1) la section du Contrôle financier ;
2) la section du Contentieux administratif.

Article 200.4
La Cour Supérieure des Comptes et du Contentieux administratif participe à l'élaboration du Budget et est consultée sur toutes les questions relatives à la législation sur les Finances Publiques et sur tous les Projets de Contrats, Accords et Conventions à caractère financier et commercial auxquels l'État est partie. Elle a le droit de réaliser les audits dans toutes administrations publiques.

Article 200.5
Pour être membre de la Cour Supérieure des Comptes et du Contentieux Administratif, il faut :
a) être Haïtien et n'avoir jamais renoncé à sa Nationalité ;
b) être âgé de trente-cinq (35) ans accomplis ;
c) avoir reçu décharge de sa gestion lorsqu'on a été comptable des deniers publics ;
d) être licencié en droit ou être comptable agréé ou détenteur d'un diplôme d'Études Supérieures d'Administration Publique, d'Économie et de Finances publiques ;

e) avoir une expérience de (5) années dans une Administration publique ou privée ;

f) jouir de ses droits civils et politiques.

Article 200.6

Les candidats à cette fonction font directement le dépôt de leur candidature au Bureau du Sénat de la République. Le Sénat élit les dix (10) membres de la Cour, qui parmi eux désignent leurs Président et Vice-Président.

Article 201

Ils sont investis d'un (1) mandat de dix (10) années et sont inamovibles.

Article 202

Avant d'entrer en fonction les membres de la Cour Supérieure des Comptes et du Contentieux Administratif prêtent devant une Section de la Cour de Cassation, le serment suivant :

« Je jure de respecter la Constitution et les lois de la République, de remplir mes fonctions avec exactitude et loyauté et de me conduire en tout avec dignité. »

Article 203

Les membres de la Cour Supérieure des Comptes et du Contentieux Administratif sont justiciables de la Haute Cour de Justice pour les fautes graves commises dans l'exercice de leur fonction.

Article 204

La Cour Supérieure des Comptes et du Contentieux Administratif fait parvenir chaque année au Corps législatif dans les trente (30) jours qui suivent l'ouverture de la Première Session législative, un rapport complet sur la situation financière du Pays et sur l'efficacité des dépenses publiques.

Article 205

L'organisation de la Cour susmentionnée, le statut de ses membres, son mode de fonctionnement sont établis par la loi.

Chapitre III
De la Commission de conciliation

Article 206

La Commission de Conciliation est appelée à trancher les différends qui opposent le pouvoir exécutif et le pouvoir législatif ou les deux (2) branches du pouvoir législatif. Elle est formée ainsi qu'il suit :

a) le président de la Cour de Cassation : Président ;
b) le président du Sénat : Vice-Président ;
c) le Président de la Chambre des députés : Membre ;
d) le président du Conseil Électoral Permanent : Membre;
e) le vice-président du Conseil Électoral Permanent : Membre;
f) deux (2) ministres désignés par le Président de la République : Membres.

Article 206.1

Le mode de fonctionnement de la Commission de Conciliation est déterminé par la Loi.

Chapitre IV
De la protection du citoyen

Article 207

Il est créé un office dénommé Office de la protection du citoyen dont le but est de protéger tout individu contre toutes les formes d'abus de l'Administration Publique.

Article 207.1

L'Office est dirigé par un citoyen qui porte le titre de Protecteur du citoyen. Il est choisi par consensus entre le Président de la République, le Président du Sénat et le Président de la Chambre des députés. Il est investi d'un mandat de sept (7) ans, non renouvelable.

Article 207.2

Son intervention en faveur de tout plaignant se fait sans frais aucun, quelle que soit la juridiction.

Article 207.3

Une loi fixe les conditions et règlements de fonctionnement de l'Office du Protecteur du Citoyen.

Chapitre V
De l'Université - De l'Académie - De la Culture

Article 208

L'Enseignement Supérieur est libre. Il est dispensé par l'Université d'État d'Haïti qui est autonome et par des Écoles Supérieures Publiques et des Écoles Supérieures Privées agréées par l'État.

Article 209

L'État doit financer le fonctionnement et le développement de l'Université d'Haïti et des Écoles Supérieures publiques. Leur organisation et leur localisation doivent être envisagées dans une perspective de développement régional.

Article 210
La création de centres de recherches doit être encouragée.

Article 211
L'autorisation de fonctionner des Universités et des Écoles Supérieures Privées est subordonnée à l'approbation technique du Conseil de l'Université d'État, à une participation majoritaire haïtienne au niveau du Capital et du Corps Professoral ainsi qu'à l'obligation d'enseigner notamment en langue officielle du pays.

Article 211.1
Les Universités et Écoles Supérieures Privées ou Publiques dispensent un Enseignement Académique et pratique adapté à l'évolution et aux besoins du développement national.

Article 212

Une Loi Organique réglemente la création, la localisation et le fonctionnement des Universités et des Écoles Supérieures publiques et privées du pays.

Article 213

Une Académie haïtienne est instituée en vue de fixer la langue créole et de permettre son développement scientifique et harmonieux.

Article 213.1

D'autres académies peuvent être créées.

Article 214

Le titre de Membre de l'Académie est purement honorifique.

Article 214.1

La loi détermine le mode d'organisation et de fonctionnement des académies.

Article 215

Les richesses archéologiques, historiques, culturelles et folkloriques du Pays de même que les richesses architecturales, témoin de la grandeur de notre passé, font partie du Patrimoine National.

En conséquence, les monuments, les ruines, les sites des grands faits d'armes de nos ancêtres, les centres réputés de nos croyances africaines et tous les vestiges du passé sont placées sous la protection de l'État.

Article 216

La loi détermine pour chaque domaine les conditions spéciales de cette protection.

Titre VII
Des finances publiques

Article 217

Les Finances de la République sont décentralisées. La gestion est assurée par le Ministère y afférent. L'Exécutif, assisté d'un Conseil interdépartemental élabore la loi qui fixe la portion et la nature des revenus publics attribués aux Collectivités territoriales.

Article 218
Aucun impôt au profit de l'État ne peut être établi que par une loi. Aucune charge, aucune imposition soit départementale, soit municipale, soit de section communale, ne peut être établie qu'avec le consentement de ces collectivités territoriales.

Article 219
Il ne peut être établi de privilège en matière d'impôts.
Aucune exception, aucune augmentation, diminution ou suppression d'impôt ne peut être établie que par la Loi.

Article 220
Aucune pension, aucune gratification, aucune allocation, aucune subvention à la charge du Trésor Public, ne peut être accordée qu'en vertu

d'une Loi. Les pensions versées par l'État sont indexées sur le coût de la vie.

Article 221

Le cumul des fonctions publiques salariées par l'État est formellement interdit, excepté pour celles de l'enseignement, sous réserve des dispositions particulières.

Article 222

Les procédures relatives à la préparation du Budget et à son Exécution sont déterminées par la Loi.

Article 223

Le contrôle de l'exécution de la Loi sur le budget et sur la comptabilité Publique est assuré par la Cour Supérieure des Comptes et du Contentieux Administratif et par l'Office du Budget.

Article 224

La Politique Monétaire nationale est déterminée par la Banque Centrale conjointement avec le Ministère de l'Économie et des Finances.

Article 225

Un Organisme public autonome jouissant de la personnalité juridique et de l'autonomie financière remplit les fonctions de Banque Centrale. Son statut est déterminé par la loi.

Article 226

La Banque Centrale est investie du privilège exclusif d'émettre, avec force libératoire sur tout le Territoire de la République, des billets représentatifs de l'Unité Monétaire, la monnaie divisionnaire, selon le titre, le poids, la description, le chiffre et l'emploi fixés par la Loi.

Article 227

Le budget de chaque Ministère est divisé en Chapitres et Sections, et doit être voté article par article.

Article 227.1

Les valeurs à tirer sur les allocations budgétaires ne pourront en aucun cas dépasser le douzième de la dotation pour un mois déterminé, sauf en Décembre à cause du bonus à verser à tous les Fonctionnaires et Employés Publics.

Article 227.2

Les comptes généraux des recettes et des dépenses de la République sont gérés par le Ministre des Finances selon un mode de Comptabilité établi par la Loi.

Article 227.3

Les Comptes Généraux et les Budgets prescrits par l'article précédent, accompagnés du rapport de la Cour Supérieure des Comptes et du Contentieux

Administratif doivent être soumis aux Chambres Législatives par le Ministre des Finances au plus tard dans les quinze (15) jours de l'ouverture de la Session Législative. Il en est de même du Bilan Annuel et des opérations de la Banque Centrale, ainsi que de tous autres comptes de l'État Haïtien.

Article 227.4
L'exercice administratif commence le premier Octobre de chaque année et finit le trente (30) Septembre de l'année suivante.

Article 228
Chaque année, le Corps Législatif arrête :
a) le compte des recettes et des dépenses de l'État pour l'année écoulée ou les années précédentes ;
b) le Budget Général de l'État contenant l'aperçu et la portion des fonds alloués pour l'année à chaque Ministère.

Article 228.1

Toutefois, aucune proposition, aucun amendement ne peut être introduit au Budget à l'occasion du vote de celui-ci sans la prévision correspondante des voies et moyens.

Article 228.2

Aucune augmentation, aucune réduction ne peut être apportée aux appointements des fonctionnaires publics que par une modification des Lois y afférentes.

Article 229

Les Chambres législatives peuvent s'abstenir de tous Travaux Législatifs tant que les documents sus-visés ne leur sont pas présentés. Elles refusent la décharge aux Ministres lorsque les comptes présentés ne fournissent pas par eux-mêmes ou les pièces à l'appui, les éléments de vérification et d'appréciation nécessaires.

Article 230
L'examen et la liquidation des Comptes de l'Administration Générale et de tout comptable de deniers publics se font suivant le mode établi par la Loi.

Article 231
Au cas où les Chambres Législatives pour quelque raison que ce soit, n'arrêtent pas à temps le Budget pour un ou plusieurs Départements Ministériels avant leur ajournement, le ou les Budgets des Départements intéressés restent en vigueur jusqu'au vote et adoption du nouveau Budget.

Article 231.1
Au cas où par la faute de l'Exécutif, le Budget de la République n'a pas été voté, le Président de la République convoque immédiatement les Chambres Législatives en Session Extraordinaire à seule fin de voter le Budget de l'État.

Article 232

Les Organismes, les Entreprises Autonomes et les Entités subventionnés par le Trésor Public en totalité ou en partie sont régis par des Budgets Spéciaux et des systèmes de traitements et salaires approuvés par le Pouvoir Exécutif.

Article 233

En vue d'exercer un contrôle sérieux et permanent des dépenses publiques, il est élu au scrutin secret, au début de chaque Session Ordinaire, une Commission Parlementaire de quinze (15) Membres dont neuf (9) Députés et six (6) Sénateurs chargés de rapporter sur la gestion des Ministres pour permettre aux deux (2) Assemblées de leur donner décharge.

Cette Commission peut s'adjoindre des spécialistes pour l'aider dans son contrôle.

Titre VIII
De la fonction publique

Article 234

L'Administration Publique Haïtienne est l'instrument par lequel l'État concrétise ses missions et objectifs. Pour garantir sa rentabilité, elle doit être gérée avec honnêteté et efficacité.

Article 235

Les Fonctionnaires et Employés sont exclusivement au service de l'État. Ils ont tenus à l'observation stricte des normes et éthique déterminées par la Loi sur la Fonction Publique.

Article 236

La Loi fixe l'organisation des diverses structures de l'administration et précise leurs conditions de fonctionnement.

Article 236.1

La loi réglemente la Fonction Publique sur la base de l'aptitude, du mérite et de la discipline. Elle garantit la sécurité de l'emploi.

Article 236.2

La Fonction Publique est une carrière. Aucun fonctionnaire ne peut être engagé que par voie de concours ou autres conditions prescrites par la Constitution et par la loi, ni être révoqué que pour des causes spécifiquement déterminées par la Loi. Cette révocation doit être prononcée dans tous les cas par le Contentieux Administratif.

Article 237

Les Fonctionnaires de carrière n'appartiennent pas à un service public déterminé mais à la Fonction Publique qui les met à la disposition des divers Organismes de l'État.

Article 238

Les Fonctionnaires indiqués par la Loi sont tenus de déclarer l'État de leur patrimoine au Greffe du Tribunal Civil dans les trente (30) jours qui suivent leur entrée en fonction. Le Commissaire du Gouvernement doit prendre toutes les mesures qu'il juge nécessaires pour vérifier l'exactitude de la déclaration.

Article 239

Les Fonctionnaires et Employés Publics peuvent s'associer pour défendre leurs droits dans les conditions prévues par la Loi.

Article 240

Les Fonctions ou Charges Politiques ne donnent pas ouverture à la carrière administrative, notamment les fonctions de Ministre et de Secrétaire d'État, d'officier du Ministère Public, de Délégué et de Vice-Délégué, d'ambassadeur, de Secrétaire Privé du Président de la République, de Membre de Cabinet de Ministre, de Directeur

Général de Département Ministériel ou d'Organisme Autonome, de Membres de Conseil d'administration.

Article 241

La Loi sanctionne les infractions contre le le fisc et l'enrichissement illicite. Les Fonctionnaires qui ont connaissance de tels faits ont pour devoir de les signaler à l'Autorité Compétente.

Article 242

L'enrichissement illicite peut être établi par tous les modes de preuves, notamment par présomption de la disproportion marquée entre les moyens du fonctionnaire acquis depuis son entrée en fonction et le montant accumulé du Traitement ou des Émoluments auxquels lui a donné droit la charge occupée.

Article 243

Le Fonctionnaire coupable des délits sus-désignés ne peut bénéficier que de la prescription vicennale.

Cette prescription ne commence à courir qu'à partir de la cessation de ses fonctions ou des causes qui auraient empêché toute poursuite.

Article 244
L'État a pour devoir d'éviter les grandes disparités d'appointements dans l'Administration publique.

Titre IX
De l'Environnement - de l'Économie - de l'Agriculture
Chapitre premier
De l'économie - De l'agriculture

Article 245
La liberté économique est garantie tant qu'elle ne s'oppose pas à l'intérêt social.

L'État protège l'entreprise privée et vise à ce qu'elle se développe dans les conditions nécessaires à l'accroissement de la richesse nationale de manière à assurer la participation du plus grand nombre au bénéfice de cette richesse.

Article 246
L'État encourage en milieu rural et urbain, la formation de coopérative de production, la transformation de produits primaires et l'esprit d'entreprise en vue de promouvoir l'accumulation du Capital National pour assurer la permanence du développement.

Article 247
l'agriculture, source principale de la richesse nationale, est garante du bien-être des populations et du progrès socio-économique de la Nation.

Article 248
Il est créé un Organisme Spécial dénommé Institut national de la réforme agraire en vue d'organiser la refonte des structures foncières et mettre en œuvre une réforme agraire au bénéfice des réels

exploitants de la terre. Cet Institut élabore une politique agraire axée sur l'optimisation de la productivité au moyen de la mise en place d'infrastructures visant la protection et l'aménagement de la terre.

Article 248.1
La Loi détermine la superficie minimale et maximale des unités de base des exploitations agricoles.

Article 249
L'État a pour obligation d'établir les structures nécessaires pour assurer la productivité maximale de la terre et la commercialisation interne des denrées. Des unités d'encadrement techniques et financières sont établies pour assister les agriculteurs au niveau de chaque Section Communale.

Article 250

Aucun monopole ne peut être établi en faveur de l'État et des Collectivités Territoriales que dans l'intérêt exclusif de la Société. Ce monopole ne peut être cédé à un particulier.

Article 251

L'importation des denrées agricoles et de leurs dérivés produits en quantité suffisante sur le Territoire National est interdite sauf cas de force majeure.

Article 252

L'État peut prendre en charge le fonctionnement des entreprises de production de biens et services essentiels à la Communauté, aux fins d'en assurer la continuité dans le cas où l'existence de ces Établissements serait menacée. Ces Entreprises seront groupées dans un système intégré de gestion.

Chapitre II
De l'environnement

Article 253

L'environnement étant le cadre naturel de vie de la population, les pratiques susceptibles de perturber l'équilibre écologique sont formellement interdites.

Article 254

L'État organise la mise en valeur des sites naturels, en assure la protection et les rend accessibles à tous.

Article 255

Pour protéger les réserves forestières et élargir la couverture végétale, l'État encourage le développement des formes d'énergie propre : solaire, éolienne et autres.

Article 256
Dans le cadre de la protection de l'Environnement et de l'Éducation Publique, l'État a pour obligation de procéder à la création et à l'entretien de jardins botaniques et zoologiques en certains points du Territoire.

Article 257
La loi détermine les conditions de protection de la faune et de la flore. Elle sanctionne les contrevenants.

Article 258
Nul ne peut introduire dans le Pays des déchets ou résidus de provenances étrangères de quelque nature que ce soit.

Titre X
De la famille

Article 259
L'État protège la Famille, base fondamentale de la Société.

Article 260
Il doit une égale protection à toutes les Familles qu'elles soient constituées ou non dans les liens du mariage. Il doit procurer aide et assistance à la maternité, à l'enfance et à la vieillesse.

Article 261
La Loi assure la protection à tous les Enfants. Tout enfant a droit à l'amour, à l'affection, à la compréhension et aux soins moraux et matériels de son père et de sa mère.

Article 262
Un Code de la Famille doit être élaboré en vue d'assurer la protection et le respect des droits de la Famille et de définir les formes de la recherche de la paternité. Les Tribunaux et autres Organismes de l'État chargés de la protection de ces droits doivent être accessibles gratuitement au niveau de la plus petite Collectivité Territoriale.

Titre XI
De la force publique

Article 263

La Force Publique se compose de deux (2) Corps distincts :
a) les Forces Armées d'Haïti ;
b) les Forces de Police.

Article 263.1

Aucun autre Corps Armé ne peut exister sur le Territoire National.

Article 263.2

Tout Membre de la Force Publique prête lors de son engagement, le serment d'allégeance et de respect à la Constitution et au drapeau.

Chapitre premier
Des forces armées

Article 264

Les Forces Armées comprennent les Forces de Terre, de Mer, de l'Air et les Services Techniques.

Les Forces Armées d'Haïti sont instituées pour garantir la sécurité et l'intégrité du Territoire de la République.

Article 264.1

Les Forces Armées sont commandées effectivement par un Officier Général ayant pour titre Commandant En Chef Des Forces Armées d'Haïti.

Article 264.2

Le Commandant en Chef des Forces Armées, conformément à la Constitution, est choisi parmi les Officiers Généraux en activité de Service.

Article 264.3
Son mandat est fixé à trois (3) ans. Il est renouvelable.

Article 265
Les Forces Armées sont apolitiques. Leurs membres ne peuvent faire partie d'un groupement ou d'un parti politique et doivent observer la plus stricte neutralité.

Article 265.1
Les Membres des Forces Armées exercent leur droit de vote conformément à la Constitution.

Article 266
Les Forces Armées ont pour attributions :
a) Défendre le Pays en cas de guerre ;
b) Protéger le Pays contre les menaces venant de l'extérieur ;
c) Assurer la surveillance des Frontières terrestres, maritimes et aériennes ;

d) Prêter main forte sur requête motivée de l'Exécutif, à la Police au cas où cette dernière ne peut répondre à sa tâche ;

e) Aider la nation en cas de désastre naturel ;

f) Outre les attributions qui lui sont propres, les Forces Armées peuvent être affectées à des tâches de développement.

Article 267

Les Militaires en activité de Service ne peuvent être nommés à aucune Fonction Publique, sauf de façon temporaire pour exercer une spécialité.

Article 267.1

Tout militaire en activité de Service, pour se porter candidat à une fonction élective, doit obtenir sa mise en disponibilité ou sa mise à la retraite un (1) an avant la parution du Décret électoral.

Article 267.2

La carrière militaire est une profession. Elle est hiérarchisée. Les conditions d'engagement, les grades, promotions, révocations, mises à la retraite, sont déterminées par les règlements des Forces Armées d'Haïti.

Article 267.3

Le Militaire n'est justiciable d'une Cour Militaire que pour les délits et crimes commis au temps de guerre ou pour les infractions relevant de la discipline militaire.

Il ne peut être l'objet d'aucune révocation, mise en disponibilité, à la réforme, mise à la retraite anticipée qu'avec son consentement. Au cas où le consentement n'est pas accordé, l'intéressé peut se pourvoir par devant le Tribunal Compétent.

Article 267.4

Le Militaire conserve toute sa vie, le dernier grade obtenu dans les Forces Armées d'Haïti. Il ne peut en être privé que par décision du Tribunal Compétent passée en force de chose souverainement jugée.

Article 267.5

L'État doit accorder aux Militaires de tous grades des prestations garantissant pleinement leur sécurité matérielle.

Article 268

Dans le cadre d'un Service National Civique mixte obligatoire, prévu par la Constitution à l'article 52-3, les Forces Armées participent à l'organisation et à la supervision de ce service.

Le service Militaire est obligatoire pour tous les Haïtiens âgés au moins de dix-huit (18) ans.

La loi fixe le mode de recrutement, la durée et les règles de fonctionnement de ces services.

Article 268.1

Tout citoyen a droit à l'auto-défense armée, dans les limites de son domicile mais n'a pas droit au port d'armes sans l'autorisation expresse et motivée du Chef de la Police.

Article 268.2

La détention d'une arme à feu doit être déclarée à la Police.

Article 268.3

Les Forces Armées ont le monopole de la fabrication, de l'importation, de l'exportation, de l'utilisation et de la détention des armes de guerre et de leurs munitions, ainsi que du matériel de guerre.

Chapitre II
Des forces de police

Article 269

La Police est un Corps Armé. Son fonctionnement relève du Ministère de la Justice.

Article 269.1

Elle est créée pour la garantie de l'ordre public et la protection de la vie et des biens des citoyens.

Son organisation et son mode de fonctionnement sont réglés par la Loi.

Article 270

Le Commandant en Chef des Forces de Police est nommé, conformément à la Constitution, pour un mandat de trois (3) ans renouvelable.

Article 271

Il est créé une (1) Académie et une (1) École de Police dont l'organisation et le fonctionnement sont fixés par la Loi.

Article 272

Des Sections spécialisées notamment l'Administration Pénitentiaire, le Service des Pompiers, le Service de la Circulation, la Police Routière, les Recherches Criminelles, le Service Narcotique et Anti-contrebande sont créés par la Loi régissant l'organisation, le Fonctionnement et la Localisation des Forces de Police.

Article 273

La Police en tant qu'auxiliaire de la Justice, recherche les contraventions, les délits et crimes commis en vue de la découverte et de l'arrestation de leurs auteurs.

Article 274

Les Agents de la Force Publique dans l'exercice de leurs fonctions sont soumis à la responsabilité civile et pénale dans les formes et conditions prévues par la Constitution et par la Loi.

Titre XII
Dispositions générales

Article 275

Le chômage de l'Administration Publique et Privée et du Commerce sera observé à l'occasion des Fêtes nationales et des Fêtes légales.

Article 275.1

Les fêtes nationales sont :

1) La Fête de l'Indépendance Nationale : le Premier Janvier ;
2) Le Jour des Aïeux : le 2 Janvier ;
3) La Fête de l'Agriculture et du Travail : le Premier Mai ;
4) La Fête du Drapeau et de l'Université : le 18 mai ;
5) La Commémoration de la Bataille de Vertières, Jour des Forces armées : le 18 novembre.

Article 275.2
Les Fêtes Légales sont déterminées par la Loi.

Article 276
L'Assemblée Nationale ne peut ratifier aucun Traité, Convention ou Accord Internationaux comportant des clauses contraires à la présente Constitution.

Article 276.1
La ratification des Traités, des Conventions et des Accords Internationaux est donnée sous forme de Décret.

Article 276.2

Les Traités ou Accord Internationaux, une fois sanctionnés et ratifiés dans les formes prévues par la Constitution, font partie de la Législation du Pays et abrogent toutes les Lois qui leur sont contraires.

Article 277

L'État Haïtien peut intégrer une Communauté Économique d'État dans la mesure où l'Accord d'Association stimule le développement économique et social de la République d'Haïti et ne comporte aucune clause contraire à la Présente Constitution.

Article 278

Aucune place, aucune partie du Territoire ne peut être déclarée en état de siège qu'en cas de guerre civile ou d'invasion de la part d'une force étrangère.

Article 278.1

L'acte du Président de la République déclaratif d'état de siège, doit être contresigné par le Premier Ministre, par tous les Ministres et porter convocation immédiate de l'Assemblée Nationale appelée à se prononcer sur l'opportunité de la mesure.

Article 278.2

L'Assemblée Nationale arrête avec le Pouvoir Exécutif, les Garanties Constitutionnelles qui peuvent être suspendues dans les parties du Territoire mises en état de siège.

Article 278.3

L'État de siège devient caduc s'il n'est pas renouvelé tous les quinze (15) jours après son entrée en vigueur par un vote de l'Assemblée Nationale.

Article 278.4
L'Assemblée Nationale siège pendant toute la durée de l'État de siège.

Article 279
Trente (30) jours après son élection, le Président de la République doit déposer au greffe du Tribunal de Première Instance de son domicile, l'inventaire notarié de tous ses biens, meubles et immeubles, il en sera de même à la fin de son mandat.

Article 279.1
Le Premier Ministre, les Ministres et Secrétaires d'État sont astreints à la même obligation dans les trente (30) jours de leur installation et de leur sortie de fonction.

Article 280
Aucun frais, aucune indemnité généralement quelconque n'est accordé aux Membres des Grands

Corps de l'État à titre des tâches spéciales qui leur sont attribuées.

Article 281
A l'occasion des consultations nationales, l'État prend en charge proportionnellement un nombre de suffrages obtenus une partie des frais encourus durant les campagnes électorales.

Article 281.1
Ne sont éligibles à de telles facilités que les partis qui auront au niveau national obtenu dix pour cent (10%) des suffrages exprimés avec un plancher départemental de suffrage de cinq pour cent (5%).

Titre XIII
Amendements à la Constitution

Article 282
Le Pouvoir Législatif, sur la proposition de l'une des deux (2) Chambres ou du Pouvoir Exécutif, a le

droit de déclarer qu'il y a lieu d'amender la Constitution, avec motifs à l'appui.

Article 282.1
Cette déclaration doit réunir l'adhésion des deux (2/3) de chacune des deux (2) Chambres. Elle ne peut être faite qu'au cours de la dernière Session Ordinaire d'une Législature et est publiée immédiatement sur toute l'étendue du Territoire.

Article 283
A la première Session de la Législature suivante, les Chambres se réunissent en Assemblée Nationale et statuent sur l'amendement proposé.

Article 284
L'Assemblée Nationale ne peut siéger, ni délibérer sur l'amendement si les deux (2/3) tiers au moins des Membres de chacune des deux (2) Chambres ne sont présents.

Article 284.1

Aucune décision de l'Assemblée Nationale ne peut être adoptée qu'à la majorité des deux (2/3) tiers des suffrages exprimés.

Article 284.2

L'amendement obtenu ne peut entrer en vigueur qu'après l'installation du prochain Président élu. En aucun cas, le Président sous le gouvernement de qui l'amendement a eu lieu ne peut bénéficier des avantages qui en découlent.

Article 284.3

Toute Consultation Populaire tendant à modifier la Constitution par voie de Référendum est formellement interdite.

Article 284.4

Aucun amendement à la Constitution ne doit porter atteinte au caractère démocratique et républicain de l'État.

Titre XIV
Des dispositions transitoires

Article 285

Le Conseil National de Gouvernement reste et demeure en fonction jusqu'au 7 février 1988, date d'investiture du Président de la République élu sous l'empire de la Présente Constitution conformément au Calendrier Électoral.

Article 285.1

Le Conseil National de Gouvernement est autorisé à prendre en Conseil des Ministres, conformément à la Constitution, des décrets ayant force de Loi jusqu'à l'entrée en fonction des députés et Sénateurs élus sous l'empire de la Présente Constitution.

Article 286

Tout Haïtien ayant adopté une nationalité étrangère durant les vingt-neuf (29) années précédant le 7 février 1986 peut, par une déclaration faite au Ministère de la Justice dans un délai de deux (2) ans à partir de la publication de la Constitution, recouvrer sa nationalité haïtienne avec les avantages qui en découlent, conformément à la Loi.

Article 287
Compte tenu de la situation des Haïtiens expatriés volontairement ou involontairement, les délais de résidence prévus dans la présente Constitution, sont ramenés à une année révolue pour les plus prochaines élections.

Article 288
A l'occasion de la prochaine Consultation Électorale, les mandats des trois (3) Sénateurs élus pour chaque Département seront établis comme suit :

a) Le Sénateur qui a obtenu le plus grand nombre de voix, bénéficiera d'un (1) mandat de six (6) ans ;

b) Le Sénateur qui vient en seconde place en ce qui a trait au nombre de voix, sera investi d'un (1) mandat de quatre (4) ans ;

c) Le troisième Sénateur sera élu pour deux (2) ans.

Dans la suite, chaque Sénateur élu sera investi d'un (1) mandat de six (6) ans.

Article 289

En attendant l'établissement du Conseil Électoral Permanent prévu dans la Présente Constitution, le Conseil Électoral Provisoire de neuf (9) Membres, chargé de l'exécution et de l'élaboration de la Loi Électorale devant régir les prochaines élections et désigné de la façon suivante :

1) Un par l'Exécutif, non fonctionnaire ;
2) Un par la Conférence Épiscopale ;
3) Un par le Conseil Consultatif ;
4) Un par la Cour de Cassation ;
5) Un par les organismes de Défense des Droits Humains ne participant pas aux compétitions électorales ;

6) Un par le Conseil de l'Université ;
7) Un par l'Association des Journalistes ;
8) Un par les Cultes Réformés ;
9) Un par le Conseil National des Coopératives.

Article 289.1
Dans la quinzaine qui suivra la ratification de la Présente Constitution, les Corps ou Organisations concernés font parvenir à l'Exécutif le nom de leur représentant.

Article 289.2
En cas d'abstention d'un Corps ou organisation sus-visé, l'Exécutif comble la ou les vacances.

Article 289.3
La mission de ce Conseil Électoral Provisoire prend fin dès l'entrée en fonction du Président élu.

Article 290
Les membres du Premier Conseil Électoral Permanent se départagent par tirage au sort les

mandats de neuf (9), six (6) et trois (3) ans, prévus pour le renouvellement par tiers (1/3) du Conseil.

Article 291

Ne pourra briguer aucune fonction publique durant les dix (10) années qui suivront la publication de la Présente Constitution et cela sans préjudice des actions pénales ou en réparation civile :

a) Toute personne notoirement connue pour avoir été par ses excès de zèle un des artisans de la dictature et de son maintien durant les vingt-neuf (29) dernières années ;

b) Tout comptable des deniers publics durant les années de la dictature sur qui plane une présomption d'enrichissement illicite ;

c) Toute personne dénoncée par la clameur publique pour avoir pratiqué la torture sur les prisonniers politiques, à l'occasion des arrestations et des enquêtes ou d'avoir commis des assassinats politiques.

Article 292

Le Conseil Électoral Provisoire chargé de recevoir les dépôts de candidature, veille à la stricte application de cette disposition.

Article 293

Tous les décrets d'expropriation de biens immobiliers dans les zones urbaines et rurales de la République des deux (2) derniers Gouvernements haïtiens au profit de l'État ou de sociétés en formation sont annulés si le but pour lequel ils ont étés pris, n'a pas été exécuté au cours des dix (10) dernières années.

Article 293.1

Tout individu victime de confiscation de biens ou de dépossession arbitraire pour raison politique, durant la période s'étendant du 22 Octobre 1957 au 7 Février 1986 peut récupérer ses biens devant le Tribunal compétent.

Dans ce cas, la procédure est célère comme pour les affaires urgentes et la décision n'est susceptible que du pourvoi en Cassation.

Article 294

Les condamnations à des peines afflictives et infamantes pour des raisons politiques de 1957 à 1986, n'engendrent aucun empêchement à l'exercice des Droits Civils et Politiques.

Article 295

Dans les six (6) mois à partir de l'entrée en fonction du Premier Président élu sous l'empire de la Constitution de 1987, le Pouvoir Exécutif est autorisé à procéder à toutes réformes jugées nécessaires dans l'administration Publique en général et dans la Magistrature.

Titre XV
Dispositions finales

Article 296

Tous les Codes de Lois ou Manuels de justice, tous les décrets-lois et et tous les Décrets et Arrêtés actuellement en vigueur sont maintenus en tout ce qui n'est pas contraire à la présente Constitution.

Article 297

Toutes les Lois, tous les décrets-lois, tous les Décrets restreignant arbitrairement les droits et libertés fondamentaux des citoyens notamment :

a) Le décret-loi du 5 septembre 1935 sur les croyances superstitieuses ;

b) La Loi du 2 Août 1977 instituant le Tribunal de la Sûreté de l'État ;

c) La Loi du 28 juillet 1975 soumettant les terres de la vallée de l'Artibonite à un statut d'exception ;

d) La Loi du 29 Avril 1969 condamnant toute doctrine d'importation ;

Sont et demeurent abrogés.

Article 298

La présente Constitution doit être publiée dans la quinzaine de sa ratification par voie référendaire. Elle entre en vigueur dès sa publication au Moniteur, Journal Officiel de la République.

Donné au Palais Législatif, à Port-au-Prince, siège de l'Assemblée Nationale Constituante, le 10 Mars 1987, An 184e de l'Indépendance.

Me. Émile JONASSAINT
Président de l'Assemblée Constituante

Me. Jean SUPPLICE
Vice-Président de l'Assemblée Constituante

www.ingramcontent.com/pod-product-compliance
Lightning Source LLC
Chambersburg PA
CBHW031607210526
45464CB00004B/1466